中国政法大学科研创新项目资助（21ZFQ77001）

中央高校基本科研业务费专项资金资助

历史的地平线

晚清民国的多维镜像

Multipule
Perspectives
of the
Late Qing Dynasty
and
the Republic
of China

高翔宇 著

天津出版传媒集团

天津人民出版社

图书在版编目（CIP）数据

历史的地平线：晚清民国的多维镜像／高翔宇著
. -- 天津：天津人民出版社，2022.09
ISBN 978-7-201-18674-0

Ⅰ.①历… Ⅱ.①高… Ⅲ.①政治制度史—中国—近
代—文集②社会发展史—中国—近代—文集 Ⅳ.
①D693.2-53②K250.7-53

中国版本图书馆CIP数据核字(2022)第148119号

历史的地平线：晚清民国的多维镜像
LISHI DE DIPINGXIAN : WANQING MINGUO DE DUOWEI JINGXIANG

出　　　版　天津人民出版社
出 版 人　刘　庆
地　　　址　天津市和平区西康路35号康岳大厦
邮政编码　300051
电子信箱　reader@tjrmcbs.com

责任编辑　吴　丹
装帧设计　彭雨宸
美术编辑　汤　磊

印　　　刷　天津新华印务有限公司
经　　　销　新华书店
开　　　本　880毫米×1230毫米　1/32
印　　　张　7.125
字　　　数　160千字
版次印次　2022年9月第1版　2022年9月第1次印刷
定　　　价　55.00元

目 录

清末民初政治史新论

乡村社会的裂变与鲁西义和团运动

19世纪下半叶，天主教势力在鲁西的增长使传统乡村社会出现了裂痕，形成了民教两极对立的局面。大刀会、义和拳等组织为捍卫乡村伦理与秩序，与天主教展开了关于乡村话语权的博弈。在国难当头、谣言流布之际，地方官面对大刀会、义和拳的兴起，表面上暧昧，暗地里纵容，实则默认乡村社会裂变事实的"合法化"。在"反洋教"的旗帜下，原有的乡村社会矛盾，诸如土地纷争、贫富对立、村民恩怨等充分展露，打着"反洋教"口号而报"家仇"的行动比比皆是，鲁西乡村社会走向完全失控。

长久以来，学术界不仅将鲁西地区视为民教冲突激烈之地带，而且认为该地区是义和团运动的发祥地。[①]笔者在检阅相关史料的过程中发现鲁西义和团运动在"反洋教"话语背后的另一侧面：即在国难契机等因素的作用下，"反洋教"一词被加以创造性地使用，成为万能名词，传统乡村原有的土地纷争、贫富对立、村民恩怨等隐形矛盾逐渐显性化，以致打着"反洋教"旗帜"报家仇"的行动触目可见，鲁西乡村呈现社会失控的状态。

一、传统乡村社会秩序的崩解

1898 年和 1899 年是鲁西自然环境加剧恶化的两年，黄河水灾淹没了各县堤坝，旱灾和蝗灾接踵而至，流离失所者比比皆是。[②]而天主教借机扩招教徒，不仅为赤贫阶层提供了生存的庇护伞，更重要的是为入教者从事投机致富提供了一种可能。故而当地流传着"奉教，奉教，为了铜钱两吊，为了

---

① 本文依据山东大学路遥教授主持的义和团运动的口述史调查资料，考察的"鲁西地区"主要包括：阳谷、东阿、平阴、肥城、茌平、齐河、高唐、博平、长清、平原、即墨、兖州、巨野、禹城、夏津、曹县、单县、冠县、历城、济阳等县。需要说明的是，在山东，义和团运动主要活跃在鲁西地区，胶东地区则并未兴起义和团，参见郭大松、刘本森：《胶东何以未兴义和团》，中国义和团研究会编：《义和团运动 110 周年国际学术讨论会论文集》，山东大学出版社，2012 年。

② 参见路遥主编：《山东大学义和团调查资料汇编》下册，山东大学出版社，2000 年，第 778 页。

去天堂吃大窝窝"的说法。①

教民群体的形成破坏了几千年以来以地缘和血缘为基础的中国乡村社会生活秩序，削弱了祭祀观念、辈分序列、宗族关系、乡村伦理。入教者"不信神，光信上帝，死了老的，不烧纸，不送盘缠，也不烧香，不磕头"②。故而，教民作为异类群体，开始被排除在原有乡村秩序之外。宗族对教民实行的制裁，或采用肉体折磨的方式，如一位女子"在读《圣经》的时候，书本会被抢去烧掉……跪着祈祷时，又要受到斥骂和责打"，当她拒绝祭拜祖先牌位时，"丈夫会扯着她的头发转圈……打她耳光却让她数着次数"③；或以断绝亲戚关系为对待，如入教者"立即可以听到'打死他''宰了他'的呼声……所有的朋友离弃他……捏造各种可恶的谣言反对他……各种娱乐也不让他们参加"④。

本是为寻求庇护的教民，却受到来自同乡平民的威胁。天主教会为维持信徒数量的攀升，遂凭借强权的力量，为寻求庇护的教徒提供更多保护。于是，一些受到排挤的教民可"借洋教为护符，包揽词讼，凌虐乡里"⑤，致使多数畏事官

① 路遥主编：《山东大学义和团调查资料汇编》下册，第1007页。
② 路遥主编：《山东大学义和团调查资料汇编》下册，第740页。
③ ［美］安娜·西沃特·普鲁伊特：《往日琐记：一位美国女传教士的中国记忆》，程麻译，山东画报出版社，2010年，第77页。
④ ［德］薛田资：《韩理神甫传》，青岛市博物馆等编：《德国侵占胶州湾史料选编》，山东人民出版社，1986年，第208页。
⑤ 故宫博物院明清档案部编：《义和团档案史料》上册，中华书局，1959年，第6页。

吏，遇有教案，因"顾惜禄位"，均以"责惩良民，敷衍了
事"①。既然官府不能"为民做主"，生存于原有乡村秩序中
的平民为同教民群体的对抗中增加胜算砝码，另寻民间秘密
组织的结合势在必行。

从文献记载看，"义和拳"作为集拳、教为一体的秘密结
社组织，在有清一代有着较长的历史源流。该名称初现于乾
隆中叶，早在王伦起义之前，山东即有以"义合拳、红拳等
名"习拳棒之风；②乾隆四十三年（1778），山东冠县发生了
杨四海的义和拳邪教案；③嘉庆十三年（1808），山东曹州府、
沂州府一带亦有"顺刀会、义和拳、八卦教名目"的设立；④
嘉庆十八年（1813），"义和拳"已作为林清、李文成领导的
八卦教起义中的重要组成部分。⑤此后，道光、咸丰、同治、
光绪年间，义和拳、梅花拳、顺刀会、大刀会、红砖会等秘
密结社组织一直活跃在以山东为中心的地区，政府虽屡次下
令捉拿秘密结社，但亦实难禁绝。⑥

原本处于沉寂状态的大刀会、义和拳急剧壮大的原因，
实在于官府维持治安能力的下降及鲁西地区土匪活动的猖

① 廖一中等整理：《袁世凯奏议》上册，天津古籍出版社，1983年，第32页。
② 陆景琪、程歗编：《义和团源流史料》，中国人民大学内部资料，1980年，第17页。
③ 陆景琪、程歗编：《义和团源流史料》，第24页。
④ 劳乃宣：《义和拳教门源流考》，中国史学会编：《中国近代史资料丛刊·义和团》第四册，神州国光社，1951年，第433页。
⑤ 陆景琪、程歗编：《义和团源流史料》，第55—75页。
⑥ 陆景琪、程歗编：《义和团源流史料》，第129—131页。

獗。为应付太平军和捻军的影响，清廷开始允许地方组建民团。而解散后的民团，或是加入长枪会，或是"悉变为贼团"①，反而导致政府对地方治安控制力的进一步减弱。由于大刀会等秘密结社组织"专心仗义，与盗为仇"，使"盗贼慑服"，故虽直隶、山东交界之区，"拳民年多一年"，但其"捍卫乡间，缉治盗匪"却颇著成效，②曹县、单县等地甚至"直无一贼"③。

除此之外，作为侠肝义胆、义薄云天的乡民互助组织，义和拳不仅展示了千百年来在乡村生活里培植起来的、具有规范性的社会联结，还被乡民赋予了正义与公理维持者的光环。据口述史料记述，乡里有人生病了，神拳就会有老师来，"给人看病治眼"④，首领们规定神拳不许做坏事，"出去连人家的一颗枣也不能拿，年轻人不能采花柳"⑤，并且以"不喝酒，不恋财……孝敬父母，尊兄爱弟，和睦庄乡"为戒律。⑥更为重要的是，神拳与大刀会代表了传统乡村社会追求平等无差的社会理想："学神拳的人之间都一样，没有什么大小。无什么头头和巴巴的，只有大师兄的称呼。任何人拳练好了

---

① 中国史学会济南分会编：《山东近代史资料》第一分册，山东人民出版社，1957年，第266页。
② 故宫博物院明清档案部编：《义和团档案史料》上册，第15页。
③ 中国第一历史档案馆编：《义和团档案史料续编》上册，中华书局，1990年，第11页。
④ 路遥主编：《山东大学义和团调查资料汇编》下册，第814页。
⑤ 路遥主编：《山东大学义和团调查资料汇编》下册，第826—827页。
⑥ 路遥主编：《山东大学义和团调查资料汇编》下册，第964页。

都可称为大师兄"①。

诚然，义和拳所标榜的"义气和合"的"义"，根植于中国传统文化中的通俗小说、演义、戏剧等。拳民通过召唤"中国历史上或神话中的英雄人物"，可以"求做刘备、张飞等"，"你附赵云的体，他附孙悟空的体"，练拳前朝东南磕几个头，孙膑、周仓、关平、玉皇大帝、菩萨、王母娘娘、张天师、二郎神等均是被召唤的对象。②拳民还可以通过降神附体等仪式化的演练，"诵咒三夜即能御刀，谓诵久即火器亦不能伤矣，气之所至，猛击以刀可以不入"③，附体后便可"不知吃、不知饿"④。

天主教持续地削弱着传统乡村社会以宗族统治为核心控制下的人际基础，在乡民练拳蔚然成风的背后，隐喻了他们致力于恢复乡村传统神圣空间的努力。围绕着究竟是守护传统抑或是离经叛道，义和拳、大刀会与天主教展开了关于乡村话语控制权的竞争与博弈。拳民为排除"洋人"干扰，守护伦理道德与"正统"，"以村为单位"的练神拳运动遍布了鲁西绝大多数地区，"只计茌平一县，是年习拳之厂，多至八百余所，他处可以类推"⑤。如是，先前民、教两极的冲突，升级为教民与拳民的对抗，传统乡村社会的阶级结构发生了

① 路遥主编：《山东大学义和团调查资料汇编》下册，第821—822页。
② 路遥主编：《山东大学义和团调查资料汇编》下册，第831—833页。
③ 中国第一历史档案馆：《义和团档案史料续编》上册，第10页。
④ 路遥主编：《山东大学义和团调查资料汇编》下册，第832页。
⑤ 李杕：《拳匪祸国记》，土山湾印书馆，1905年，第5页。

逆转性的改变。

二、裂变的催化：国难、地方官与谣言

光绪二十一年（1895）之前，对于义和拳、大刀会的活动，地方官基本上持否定、镇压、遏制的态度。他们认为"义和拳、红砖会各名目，平日专以持强欺懦为事，最为地方之害"①，故每遇"大股匪徒，立即派兵剿除"②。到了1895年以后，地方官的态度逐渐发生了改变。山东巡抚李秉衡"持平办理"，继任者张汝梅主张"民教调和"，毓贤则是"偏袒私会"。这种转变与1895年后国难在山东的加剧不无关联。

1897年，德国"袭据胶澳，嗣是俄人取金旅，英人占威海，法人索租广州湾，交迫迭起，不一而足。德人复进踞日照，焚杀要狭，种种欺辱"③。在即墨等地，德人强牵村民牧畜、用洋枪铁刀轰扎村民、调戏妇女等事情时有发生。④各属教民"横行乡里，鱼肉良民，甚至挟制官长"日甚一日。⑤此际，地方官若再将作为"义民"的义和拳、大刀会加以根绝，

---

① 陆景琪、程歗编：《义和团源流史料》，第51页。
② 山东师范大学历史系：《清实录山东史料选》下册，齐鲁书社，1984年，第1903—1904页。
③ 廖一中等整理：《袁世凯奏议》上册，第26页。
④ 中国社会科学院近代史研究所、中国第一历史档案馆会编：《筹笔偶存》，中国社会科学出版社，1983年，第17页。
⑤ 故宫博物院明清档案部编：《义和团档案史料》上册，第24页。

其"父母官"的统治合法性无疑将受到动摇，这使得地方官在国难之际，出现了在传统理念与条约意识夹缝中自我形象的分裂。如果视"外交泰西一字关重"，就应保护教民，当即剿灭各属拳民，避免中外冲突"衅自我开"①；但若基于"保民""爱民"的传统理念，则"不能概诬拳民以闹教之名也"②。即使在力主镇压义和团的袁世凯看来，在"绥靖地方"与"清除匪类"的治标方案之外，治本的方略仍在于调和民教，"教不得倚势凌民，凌民者许民指控。民不得借端闹教，闹教者按律究治"③。

还有一个因素就是李秉衡、张汝梅、毓贤三任山东巡抚对天主教的仇视心理。他们一方面在给皇帝的奏折中做表面文章，声称已"查明各种会匪名目，严行禁止"④，另一方面在不违背朝廷"弹压"的意旨下，设法保护义和拳。李秉衡任山东巡抚时，"一意仇视西人，闻齐鲁有大刀会以诛除西教为本旨，李心许之，坐视其滋长"⑤。有部署请示是否剿灭时，他拍案曰："嘻，此义民也，奖且不暇，又安可复禁？"⑥继任者张汝梅试图将义和拳收编为保甲团防，"听其自卫身

① 陈旭麓等主编：《盛宣怀档案资料选辑之七：义和团运动》，上海人民出版社，2001年，第13页。
② 故宫博物院明清档案部编：《义和团档案史料》上册，第40页。
③ 廖一中等整理：《袁世凯奏议》上册，第43页。
④ 故宫博物院明清档案部编：《义和团档案史料》上册，第38页。
⑤ 李杕：《拳匪祸国记》，第8页。
⑥ 吴永：《庚子西狩丛谈》，中国史学会编：《中国近代史资料丛刊·义和团》第三册，第373页。

家，守望相助"①。毓贤则循李秉衡保护大刀会之意，某日其"道出兖州，会匪持械出迎，毓贤以银两，并云：'善习尔术，将为国家大用'"，并饬令各州县，"凡教士来函，悉视为废纸"。凡遇教民弹压义和拳的请求，毓贤一律答以"教民自惹其祸，被害亦其应得"②。据称，毓贤又惜"拳"字"意美而名不雅"，"即改'义和拳'为'义和团'"③。义和团受到鼓励后，"乃高张红旗，大书'保清灭洋'、'山东抚提院毓'等字样"④。庚子夏，毓贤抵山西巡抚任，告司道称，"义和拳确是义民，其魁首有二，一系鉴帅（李秉衡号鉴堂），一即我毓贤也"⑤。

在1899年10月的"平原教案"中更凸显了毓贤在民、教两极冲突中的立场。教民李金榜以被众抢劫等情呈控平民李长水，平原县令蒋楷派总役陈德和等"协同县勇前往缉捕"⑥。拳首朱红灯等"侦知此事，乘机聚众招标……扬言为拳民复仇"，当率众"移审森罗殿"时，营官袁世敦督队则轰毙拳民二三十人。⑦毓贤闻讯后大怒，以陈德和"妄拿无辜，

① 故宫博物院明清档案部编：《义和团档案史料》上册，第16页。
② 李杕：《拳匪祸国记》，第13页。
③ 鹿完天：《庚子北京事变纪略》，中国史学会编：《中国近代史资料丛刊·义和团》第二册，第397页。
④ 李杕：《拳匪祸国记》，第13页。
⑤ 李杕：《拳匪祸国记》，第9页。
⑥ 中国社会科学院近代史研究所近代史资料编辑室编：《山东义和团案卷》上册，齐鲁书社，1981年，第13页。
⑦ 中国社会科学院近代史研究所、中国第一历史档案馆会编：《筹笔偶存》，第34—35页。

以致百姓众怒"为由，将其下陈入狱，[①]又以"知县纵容差役，统领擅杀无辜"之名，将蒋楷当即革职。[②]对于袁世敦，毓贤将其"发交袁世凯军营历练"[③]。对朱红灯的余部，毓贤则派遣马金叙"以好言抚之"[④]。可见，毓贤默认了民、教两极对立的事实，并站在了拳民一方。

除了巡抚，鲁西地区不少知县也是拳民阵营的暗中支持者。茌平县知县豫咸对"神拳设场子"也持漠视纵容态度，神拳在张官屯唱戏时，"豫官还去看戏，贺神拳"。后来在天主教的强迫下，豫咸虽然收缴了神拳的武器，但发放每人一吊钱以为补偿。当神拳首领刘太清被官府抓去时，豫咸故意说，"我认识刘太清，你不是刘太清"，欲伺机将其放走。[⑤]只是由于刘太清未能领悟其中深意，豫咸只得深表惋惜，将其"绑赴市曹，照章就地正法"。[⑥]面对拳民与教民两极对抗的现实，知县们暧昧的态度，不仅未能缝合乡村社会的裂痕，反而使得拳民、教民的对抗愈演愈烈。

此外，各种谣言在鲁西乡村社会的裂变中亦起到了催化

---

① 中国社会科学院近代研究所近代史资料编辑室编：《山东义和团案卷》上册，第14页。

② 蒋楷：《平原拳匪纪事》，中国史学会济南分会编：《山东近代史资料选集》，山东人民出版社，1959年，第86页。

③ 山东师范大学历史系编：《清实录山东史料选》下册，第1956页。

④ 蒋楷：《平原拳匪纪事》，中国史学会济南分会编：《山东近代史资料选集》，第88页。

⑤ 路遥主编：《山东大学义和团调查资料汇编》下册，第854—856页。

⑥ 中国社会科学院近代研究所近代史资料编辑室编：《山东义和团案卷》上册，第406—407页。

的作用。戊戌变法失败后，部分守旧人士为了污蔑改良派，传言光绪加入天主教，康有为在宫中设立"鬼子"衙门办公。在山东，有人目击"有义和拳所遣造谣言之专差，背黄袱，称有太后密旨"①……利用戊戌政变契机，将光绪帝、康有为说成"天主教""二鬼子"的声音充斥山东大地。②

李秉衡、张汝梅及毓贤三任山东巡抚以及鲁西地区的部分县官，表面暧昧摇摆，暗地里姑息纵容，实已默认鲁西乡村社会裂变的事实。此间关于"西太后密旨"的谣言，亦给予拳民巨大的精神支持，使得作为"义民"的义和团配合朝廷，高举"反洋教"的旗帜，斩杀"一龙二虎三百羊"的行动合情合理。在国难、地方官、谣言的共同作用下，乡村社会裂变为拳民、教民的两极世界开始"合法化"。义和团在国难之际，利用"兴清灭洋"口号的同时，也为"家仇"之报提供了一个难得的借口与契机。

三、"反洋教"旗帜下的复仇之战

鲁西乡村社会分裂事实被"合法化"后，其内部潜在的各种矛盾终于被激化。先前诸如土地纷争、贫富对立、村民

---

① 王照：《行脚山东记》，中国史学会编：《中国近代史资料丛刊·义和团》第一册，第415页。

② ［日］佐藤公彦：《义和团运动的起源及其运动——中国民众 Nationalism 的诞生》，宋军等译，中国社会科学出版社，2007年，第380—381页。

恩怨等隐性矛盾变得显性化。

一是土地纷争。发生于冠县的梨园屯教案，起因便是乡村内部的土地纷争。1869年，梨园屯村20余户教民向村首事请求分给一块义地庙产，以作修建天主教堂之地。经该地首事等公议，同意分四分之一的土地与教民，且村民"同心情愿，各无异言"①。1881年，梨园屯村民以"天主教堂本系借用玉皇阁地基，将来重塑玉皇，还要送入奉还"为由与教民发生口角，②官府"断令民教仍旧和好，暂行借用，日后教民购得地基，另建教堂，再议归完"。1887年，教民扩地又导致了村民欲"拆毁教堂，索地修庙"的纷争。③1892年，梨园屯民、教民双方再度因土地占有问题爆发冲突，官方依旧主张"庙宇让与教民，改建教堂"④。这场持续20多年的民间土地所有权的纠纷悬而未决，且皆以教民一方得胜，使民、教积怨长期忍而未发。直到1897年秋，德国教士欲拆毁村里的玉皇庙而改建教堂，加之官府惧怕教会，"遂至所有庙基未能收回"，使得"村人大哗，群起抗拒"⑤。于是在村民赵三多的统领下，数千人聚众"将该处教堂攻打，杀毙教民二名，受伤多名，捆缚三名，并拆毁教堂，抢掠该村民房屋"⑥。赵三

---

① 台湾"中研院"近代史所编：《教务教案档》第五辑（一），1977年，第458页。
② 台湾"中研院"近代史所编：《教务教案档》第四辑（一），第278页。
③ 台湾"中研院"近代史所编：《教务教案档》第五辑（一），第464页。
④ 台湾"中研院"近代史所编：《教务教案档》第五辑（一），第528页。
⑤ 《冠县县志》，中国史学会济南分会编：《山东近代史资料选集》，第100页。
⑥ 中国第一历史档案馆编：《义和团档案史料续编》上册，第56页。

多的冠县起事在不少史家的笔下被论述成为义和团运动爆发的导火索，其起源实在于"教徒拆庙修堂，村民则拆堂修庙"的冲突。①本是乡村内部关于土地占有问题的分歧，却因"洋教"与义和拳的介入而激化。

1896年发生于单县、砀山的教案也源于宗族间的土地纠纷。咸同年间，刘氏家族企图夺回被庞氏家族骗取的土地，于1891年加入教会。②1896年，庞三杰因与"教民刘苌臣抢割伊地内麦禾起衅"，遂勾结东省大刀会，③"以灭教为名，肆其抢掠"④。本属常见的土地纠纷却因大刀会和教会的渗入而升级，使乡民内部纷争分别披上了"信教"和"反教"的外衣。

二是贫富对立。茌平县马沙窝的"刘启香、刘安仁靠着教堂发了家，他们利用看教堂赚的钱买地，一次就买了六七十亩"。在茌平县英庄，政府本禁止私自烧盐，但只要奉教就可破例。⑤阳谷县一教堂囤积粮食"有二三百亩地，麦收季节都用汽车往堂里拉粮食，到了春天就放高利贷"⑥。传统乡村社会中习惯于平均主义的平民，面对依仗教会势力而致富的教民，加之长期潜在的贫富对立矛盾，"仇富"的情绪被点燃起来，他们在大刀会、义和拳的庇护下"杀富济

① 《冠县县志》，中国史学会济南分会编：《山东近代史资料选集》，第101页。
② ［日］佐藤公彦：《义和团运动的起源及其运动——中国民众Nationalism的诞生》，第203页。
③ 故宫博物院明清档案部编：《义和团档案史料》上册，第4页。
④ 中国第一历史档案馆编：《义和团档案史料续编》上册，第18页。
⑤ 路遥主编：《山东大学义和团调查资料汇编》下册，第808—809页。
⑥ 路遥主编：《山东大学义和团调查资料汇编》下册，第1048页。

贫""替天行道"。然而一旦零星的抢劫事件变成了一场规模化的运动，参加者便不自觉地失去理智，"先前光拿在教的，不在教的财主也不抢"，后来就"胡搞了，谁富抢谁，成土匪了"，只要随意"说人家在洋教，就抢人家"①。据《汇报》观察，山东大刀会匪"横行不可理喻，非独与教民为难，即官长、百姓亦受欺凌"②。拳首朱红灯即先后在博平、高唐、禹城、长清等县不分教民、平民，抢劫财物多项。③高唐县琉璃寺的徐福和尚领头作乱，以烧教堂为名，占领该庄的6顷土地。④"把教民与富人等同"的逻辑思路一旦形成，"借仇教为名，聚众横行，驯至拒捕抗官，杀人放火"的行动便普遍化起来。⑤

三是村民恩怨。在国难、地方官、谣言三者的作用下，"反洋教"一词被拳民、平民加以创造性地使用，成了万能名词，开始被滥用起来。一旦被指认为"教民"，即将成为被随意攻击与泄私愤的对象。换句话说，"反洋教"为"家仇"之报提供了一个以"兴清灭洋"为名，了结乡民恩怨的合法性幌子。为寻找"教民"身份认定的证据，"有时把天主教的经

① 路遥主编：《山东大学义和团调查资料汇编》下册，第750—751页。
② 徐绪典主编：《义和团运动时期报刊资料选编》，齐鲁书社，1990年，第14页。
③ 中国社会科学院近代史研究所近代史资料编辑室编：《山东义和团案卷》上册，第23页。
④ 路遥主编：《山东大学义和团调查资料汇编》下册，第809页。
⑤ 中国社会科学院近代史研究所近代史资料编辑室编：《山东义和团案卷》上册，第21页。

书扔到他家，就说他在教"①。齐河县后燕窑村的村首事刘金生"在外面得罪人不少，所以大刀会就以他在洋教的名义来抢他"②，不仅掠夺了他家的牲口，还点着了房子。高唐县和尚徐福因长期与师傅有隙，便借"反洋教"的名义，"逮住了他师傅，用香烧他的腋窝，折磨得可不轻"③。朱红灯在茌平县张官屯，"因与徐清华有仇，放火抢掠"，又将教堂教读王观杰"架出杀害，悬首树上，撩弃尸身"④。

此外，义和拳兼采大刀、长矛和洋枪、洋炮，并非传统史学界一味强调的"盲目排外"。光绪二十五年（1899）十二月初二，袁世凯部将马金叙在茌平县东南刘莱寺一带缴获的一批拳民武器中，就有"来复枪两杆"⑤。同日，据夏津县官员禀报，在东乡贺屯的义和拳200余人中，"有骑马者十余人，分持洋枪、刀械"⑥。光绪二十六年（1900）六月二十八日，阳谷县在毛庄镇镇压拳民时，夺获"洋枪十四杆"⑦。同年六月二十三日，东阿县亦发生拳民"开放洋炮，刀矛砍毙团丁"

---

① 路遥主编：《山东大学义和团调查资料汇编》下册，第750页。
② 路遥主编：《山东大学义和团调查资料汇编》下册，第762页。
③ 路遥主编：《山东大学义和团调查资料汇编》下册，第897页。
④ 中国社会科学院近代史研究所近代史资料编辑室编：《山东义和团案卷》上册，第20页。
⑤ 中国社会科学院近代史研究所、中国第一历史档案馆会编：《筹笔偶存》，第57页。
⑥ 中国社会科学院近代史研究所、中国第一历史档案馆会编：《筹笔偶存》，第60页。
⑦ 中国社会科学院近代史研究所、中国第一历史档案馆会编：《筹笔偶存》，第341页。

之情形。①

值得注意的是，在鲁西乡村仅有极为少数的洋教士受害，如卜克斯在肥城被杀。即便在山东义和团运动高潮之际，仅光绪二十六年（1900）正月至七月间，即有美国传教士伯利、包复祺、贾满、陆长乐、费习礼，英传教士史嘉乐、库茂枝、贺德恩、米兰发，英国领事官谭德乐，德国人葛乐等32位外国人或独自一人，或携眷结伴在山东各地游历参观。但他们均未遇难，相反全都安然无事离境而去。②这从一个侧面说明，在鲁西地区义和团斗争的对象，除少数教士之外，被排除在乡村原有秩序之外的教民实占据了主体地位。

同样，到了袁世凯取代毓贤任山东巡抚，采取镇压义和团的政策之际，教民便开始了对拳民的反攻倒算。不甘示弱的教民在教会势力的庇护下，"睚眦之嫌，辄寻报复"，他们亦"造谣倾陷，或谓某人将纠众滋扰教堂，或谓某人即是大刀会匪"，以等待"教士不察虚实"，开单迫令地方官责惩。③在荏平县韩屯大店里，教民"把抓的神拳捆在桌子上，把背脊打得都黑了"。高唐县琉璃寺的小孩因"到洋楼上摘了几个桃子，教民回来后，就硬说偷了他们的东西，逼着他们摆酒席赔罪"。还有些地区的教民以"按户摊派"的方式，责令拳

① 中国社会科学院近代史研究所、中国第一历史档案馆会编：《筹笔偶存》，第321页。

② 朱金甫、庄建平：《〈筹笔偶存〉史料价值初探》，中国社会科学院近代史研究所、中国第一历史档案馆会编：《筹笔偶存》，第22页。

③ 故宫博物院明清档案部编：《义和团档案史料》上册，第40页。

民为其"修复洋楼"①。至此，乡村社会的传统、伦理、道德、宗族、神圣空间破坏殆尽，裂变的乡村社会弥漫着冤冤相报的氛围。

事实上，长久以来在义和团写有"反洋教"一词的纸张背后，有着鲜为人知的一个侧面为研究者所忽视。以传统乡村社会的裂变为观察视角，可以发现，持有"反洋教"话语的鲁西义和团，借助"反教"为"复仇"之幌子，清算乡村社会原有之恩怨的情况并不罕见。反之，"反洋教"又对乡村社会矛盾的激化产生反作用力，致使社会裂变之程度愈益加深，秩序趋于失范与崩溃的边缘，使晚清最后一场传统意义的农民运动在历史舞台上演。

---

① 路遥主编：《山东大学义和团调查资料汇编》下册，第887—888页。

民元黄兴进京与民族问题之应对

1912年夏秋之交，黄兴应袁世凯之邀北上进京。在京期间，黄兴不仅同逊清皇室之间进行了密切的互动往来，而且在各党团欢迎会的演说中谈论了解决蒙藏危机的看法。民元黄兴北上不仅践行了"五族共和"这一确立现代统一多民族国家的基本原则，而且致力于调和汉、满、蒙、回、藏之关系，这体现了革命党人在平息蒙藏等边疆地区的叛乱，以及融洽五族感情的美好愿望。但值得注意的是，此间黄兴所提倡"民族大同"的民族观，反映了辛亥革命时期革命党人于现代民族国家建构与转型之际在理论及实践层面局限性的一面。

1912年9月11日至10月5日，黄兴应袁世凯邀请进京。目前学术界对于黄兴在京期间的基本活动在部分论著的章节段落中已略有考察，[①]但对于此间黄兴与逊清皇室之交往，以及同各党团会谈民族问题则鲜有关注。笔者拟探讨黄兴北上晤袁动因与应对民族问题之间的内在关联，还原黄兴进京与逊清皇室之会晤，以及其与各党团在京期间磋商筹解蒙藏危机的相关主张，进而分析造成现代中国民族国家转型初期存在的理论与现实层面困境之因素。

一、民族危机与黄兴北上晤袁之动议

辛亥革命的成功，不仅是近代中国从传统封建王朝向现代资产阶级共和国的一次政治重建，而且是传统的单一民族国家向现代的统一多民族国家的民族关系转型。1912年黄兴北上晤袁既有着解决新生共和国在政党政治、发展实业、外交借款等内政外交议题的诉求，同时也亟须对民族关系层面的整合与变动做出调适。至于如何践行"五族共和"这一建立现代民族国家的基本原则，如何因应北京临时政府与逊清皇室的关系，如何处理蒙古、西藏等边疆地区此间发生的民

---

① 参见萧致治：《黄兴评传》，南京大学出版社，2001年；石彦陶、石胜文：《黄兴传》，人民出版社，2004年；胡绳武、金冲及《辛亥革命史稿》第四卷，上海人民出版社，1991年。

族危机，一方面是袁世凯邀请黄兴北上的缘由，另一方面成为黄、袁及各党团在京期间会谈的重要内容。

1912年1月1日，中华民国南京临时政府成立，革命党人以"五族共和"理论确立了建设新型民族国家的基础，即在取代前清满族政权专制统治的同时，提倡五大民族平等的民族观。对此，孙中山宣称："国家之本，在于人民，合汉、满、蒙、回、藏诸地为一国，即合汉、满、蒙、回、藏诸族为一人，是曰民族之统一。"[①]2月15日，孙中山推举袁世凯接任临时大总统。随之"北京兵变"发生，袁世凯暂定都于北京组织临时政府。然而，边疆危机的棘手，是此间袁世凯新立政权面临的不容忽视的问题。

在西藏方面，英国趁中国革命爆发，嗾使西藏"亲英派"发动叛乱，不仅护送达赖从印度返回西藏，驱逐清朝驻藏长官钟颖，阻挠民国新任驻藏长官陆兴祺入藏，而且教唆藏军举兵叛乱，占领四川及西康的大片领土。[②]在外蒙方面，俄国于辛亥鼎革之际向库伦提供枪械，煽惑库伦活佛哲布尊巴丹独立，驱逐清朝驻库伦办事大臣三多，并以"蒙人实不愿中国干预其内政为词"，使民国政府于蒙古"不得置官、不得驻兵、不得开垦"，且暗中缔结密约，欲将外蒙置于保护国地

① 《孙大总统宣言书》，北京大学历史系等编：《西藏地方历史资料选辑》，生活·读书·新知三联书店，1963年，第285页。
② 《帝国主义操纵西藏上层反动分子制造分裂的阴谋活动》，北京大学历史系等编：《西藏地方历史资料选辑》，第284页。

位。①除英、俄干涉，日人川岛浪速亦在中国满蒙地区勾结宗
社党肃亲王善耆等人，图谋建立"满蒙王国"②。在满汉关系
方面，由于辛亥革命含有"反满革命"的政治色彩，使得民
国建立后社会上排满情绪十分严重。满族王公贵族昔日奢靡
的光环逐渐逝去。如前清军机大臣荣庆、"皇族内阁"协理大
臣那桐等避居天津，以读书、赏戏为生活方式。③只是相较于
王公贵族尚属良好的境遇，普通旗人的生活则是困窘不堪，
辛亥革命后社会上排斥满族、歧视旗人的现象频生。据称，
许多满人为了谋求生活的出路，"不得不冠汉姓、更原名"④。
以上彰显出民国初年政治转型与民族关系重建进程中的历史
困境，这一方面体现在政体的赓续及"五族共和"的观念，
并未在边疆少数民族地区产生有效的国家认同与民族认同，
另一方面反映了满族在"五族共和"招牌下有名无实的生存
境遇。

　　1912年5月间，袁世凯向黄兴发出了进京议政之邀请，其
中应对民族危机即是题中要义之一。⑤8月2日，黄兴做出了应
允袁世凯近日北上的决定，且将"维持蒙藏办法"作为进京

① 《蒙藏交涉大略》，卢秀璋主编：《清末民初藏事资料选编》（1877~1919），中国藏学出版社，2005年，第319—320页。
② 《川岛浪速与"满蒙独立运动"》，中国社会科学院近代史研究所编：《近代史资料》（第48号），中国社会科学出版社，1982年，第103页。
③ 谢兴尧整理：《荣庆日记》，西北大学出版社，1986年，第210—213页。
④ 王佐贤：《辛亥革命后北京满族人丁的变迁》，北京市政协文史资料委员会编：《辛亥革命后的北京满族》，北京出版社，2002年，第26—27页。
⑤ 吴相湘：《宋教仁传》，传记文学出版社，1985年，第207页。

的重要目标之一。袁世凯接电后在筹备欢迎仪式的同时，表示西北边氛日恶，拟请黄兴为西北经略使，筹平定满蒙平云之策。①

学术界在相关研究中，虽有桑兵详加论述了较黄兴来京"捷足先登"的孙中山与逊清皇室的互动，②但并未注意到黄兴在京与五族联络这一问题。此间，前清皇族摄政王载沣、世续（9月11日、24日、27日）、蒙古博公伦贝子喀喇沁王（9月20日）等，以及各民族团体代表，如征蒙劝捐会（9月12日）、蒙藏统一政治改良会、回教俱进会（9月15日）、中华民族大同会（9月16日）、西北协进会（9月18日）、五族国民合进会（9月20日）、五族共和联合会（9月21日）等均举行了欢迎黄兴之活动。

二、黄兴与逊清皇室之会晤

1912年8月24日至9月17日间，孙中山于进京访问之际，即曾为满汉感情之联络积极奔走。一方面，孙中山屡次表达了关心旗人生计问题解决的意见；另一方面，与逊清皇室进行了握手对话。9月10日下午，孙中山赴后海醇亲王府、伦贝

---

① 《孙黄来京之主动力》《大总统意中之孙黄》，《大自由报》1912年8月7日第6版。
② 参见桑兵：《民元孙中山北上与逊清皇室之交往——兼论清皇族的归属选择》，《史学月刊》2017年第1期。

子府、世中堂宅，①分别往谒前清摄政王载沣、资政院总裁溥伦、逊清皇室内务府总管世续。②当晚，载沣又遣专使赠"绍酒一埕，为孙文洗尘"。随之，孙中山亦派马超俊为代表，复往醇亲王府答谢，载沣则"出而接见"，且表示将拟往孙中山府邸专程访谒。③次日中午，载沣赴孙中山在京住所迎宾馆回拜，二人会晤一小时之久，磋商可以蒙、藏、汉通婚为和平解决蒙藏危机之策。④

9月11日，就在黄兴抵京晤袁之当晚，前清隆裕太后即以逊清皇室全体名义，委托溥伦、世续于金鱼胡同那桐住宅置备欢迎晚宴，为黄兴及随行北上的陈其美接风洗尘，同时邀请在京访问尚未结束的孙中山同往。⑤据绍英日记记载，陪客者还有部分国务院部员、临时参议院议长吴景濂、副议长汤化龙、步军衙门统领江朝宗、禁卫军统制王廷桢、总统府秘书张一麐等人。⑥次日，那桐在日记中对此亦记录称："京信言昨日皇族之约，黄克强、陈其美亦在座，主客三十余人。"⑦并且，时有多家报刊媒体均予以关注。据称，当日下午因摄政王载沣突感风寒，故临时缺席，改由溥伦主持欢迎

① 《孙中山与摄政王之谈话》，《盛京时报》1912年9月17日第3版。
② 北京市西城区政协文史资料委员会编：《京城什刹海》，中国文史出版社，2001年，第59页。
③ 《孙中山派马超俊答谢载沣赠送酒筵新闻剪报》，中国第一历史档案馆等编：《清宫辛亥革命档案汇编》（八十），九州出版社，2011年，第384页。
④ 《孙先生与载沣之晤谈》，《民主报》1912年9月14日第6版。
⑤ 《清皇室欢迎孙黄之盛会》，《大公报》1912年9月14日第1版。
⑥ 绍英：《绍英日记》（二），国家图书馆出版社，2009年，第345—346页。
⑦ 北京市档案馆编：《那桐日记》（下），新华出版社，2006年，第728页。

仪式，晚宴的主题即是欢庆孙、黄缔造共和民主基业之实现。
《民主报》刊载了溥伦代表前清皇族所致欢迎之辞：

> （孙、黄）两先生洞观四十余年之历史，二十世纪之
> 时艰，非以共和定国体，不能为人民谋幸福，不能与列
> 强谈竞争，于是遍游欧美……数十年苦口热心，始达共
> 和目的……今两先生翩然北上，北方人士争以望见颜色
> 为荣，且与大总统握手言欢，论道经邦一堂抵掌……正
> 不仅我皇室享优待之荣也，非常之人，非常之业，惟于
> 两先生是望。①

继之，孙中山请黄兴为代表答辞，赞美前清皇族顺应时
势，以国家为前提，不以皇位为私产，支持"五族共和"，俾
使全国早日统一的盛举。《绍英日记》记录了黄兴的演说：

> 现在世界竞争，中国非共和政体不能自立，是以孙
> 中山先生热心改革，今者五族共和，实由皇太后皇上圣
> 明，德同尧舜，我辈均甚感激。惟此时外交甚为警戒，
> 切望五族一心，勉力进行，以济时艰。②

据《清宫辛亥革命档案汇编》中的档案记录，前清皇族

---

① 《前清皇族欢迎孙、黄二先生颂词》，《民主报》1912年9月14日第6版。
② 绍英：《绍英日记》（二），第347—348页。

在举行欢迎孙、黄晚宴的次日，隆裕太后即于9月12日（八月初二日）专程为孙中山开放颐和园参观游览，又于9月13日（八月初三日）为其开放三海及景山等处以供瞻观。①但由于黄兴初抵京城，此际并未与孙中山同行，迟至9月26日（八月十六日）始游览三海，与黄兴随行者还有陆军上将徐绍桢、姚雨平等人。②在黄兴游历三海的前一日，即9月25日，世续特嘱逊清皇室内务部传谕令外交部，认真办理，不容差池，且有北洋政府参谋部协同筹备查验。兹有档案披露全文：

> 今日内务部传奉世中堂谕外交部来函，陆军上将黄兴请于本月十六日瞻仰三海，著本苑预备船只、茶水，并在军机处德昌门外东朝房预备坐落处所等谕。本苑已将各项遵谕办理，其坐落处所，今日参谋部派人踏看，该二处均不敷坐落。随由本苑带领踏看，改在瀛台内瑞擢楼下屋内坐落，所有本苑预备桌椅等项，亦预备妥齐，并照例呈报海司房知照禁卫军守卫处。③

除此以外，黄兴还曾于9月24日下午与载沣、世续分别

---

① 《孙文请瞻仰颐和园及三海》《孙文请瞻仰景山》，中国第一历史档案馆等编：《清宫辛亥革命档案汇编》（八十），第353—357页。

② 《陆军上海黄兴请瞻仰三海》《陆军上将徐绍桢、姚雨平带同随员请瞻仰三海》，中国第一历史档案馆等编：《清宫辛亥革命档案汇编》（八十），第348—351页。

③ 《陆军上将黄兴瞻仰三海准备各项已遵谕准备妥齐》，中国第一历史档案馆等编：《清宫辛亥革命档案汇编》（八十），第377—378页。

进行了专门的会晤，^①只是从目前已知的材料看，所叙谈内容详情并不知晓。从"中国书店 2002 年春季书刊资料拍卖会"上陈列的有关逊清皇室绍彝与绍英的通信资料看，可知会谈幕后的策划者乃庆亲王奕劻与绍彝。^②与此同时，参谋部次长陈宦以黄兴即将出京为由，拟于 9 月 25 日借用颐和园举行欢迎黄兴、陈其美盛会，同样得到了隆裕太后的许可与批准。^③在该日下午颐和园的欢迎会上，世续坐陪其间，黄兴还专门问及"宣统皇起居"，世续答谓，"宣统皇业已剪发，其平时读书甚敏，已读论语，且能写方寸大字"^④。只是，世续所称并非事实，显然有着美化宣统的用意。据溥仪本人回忆称：其糊里糊涂间"开始了小朝廷的帝王生活"，依旧养尊处优，以致生活全然无法自理，"我在这一块天地里一直住到民国十三年被国民军驱逐的时候，度过了人世间最荒谬的少年时代……呼吸着十九世纪遗下的灰尘"^⑤。据《大公报》所载，9 月 27 日是为黄兴在京期间与逊清皇室的最后一次会晤。隆裕太后命世续赴东厂胡同将校俱乐部黄兴寓所，表达对其即将告别北上之旅的欢送之意，并再度声明拥护"五族共和"之立意。^⑥

---

① 《黄克强旅京记》，《民立报》1912 年 9 月 30 日第 7 版。
② "中国书店 2002 年春季书刊资料拍卖会"第 27 号拍卖品影印件，转引自晓尧：《几页书札，一段历史》，《艺术市场》2003 年第 2 期。
③ 《黄克强旅京记》，《民立报》1912 年 9 月 30 日第 7 版。
④ 《黄克强留心清帝近况》，《新闻报》1912 年 10 月 4 日第 2 版。
⑤ 爱新觉罗·溥仪：《我的前半生》，群众出版社，2014 年，第 36 页。
⑥ 《清皇室与黄克强之接洽》，《大公报》1912 年 9 月 30 日第 2 版。

值得注意的是，如何看待黄兴与逊清皇室之间的交往问题。就黄兴一方而言，其欲通过联络逊清皇室，既是对于平息满汉矛盾的一种诚意表达，并为社会各界融洽满汉关系做出了表率作用，也是以此呈现出革命党人从"反满革命"走向"五族共和"轨迹的转变。这不仅成功地维持了《大清皇帝辞位之后优待之条件》《关于清皇族待遇之条件》的公信力，从而避免了满人对民国政权的离心，充分彰显了"妥协"这一命题在辛亥革命成功中间之于满汉关系的重要意义。同时，黄兴力图以同满族和解的姿态，为和平解决蒙藏危机的示范，即向蒙藏地区的离心者表明五大民族团结一心的美好愿望，并为联络五族感情而张本。

对于逊清皇室一方而言，不仅在金鱼胡同那桐旧宅盛情宴请了孙、黄，更为满足孙、黄游览需求，专门开放了三海、景山、颐和园。据秦国经在《逊清皇室轶事》中记载，其时，颐和园尚未面向公众开放，当时"凡中外人士参观颐和园，须经外交部批准，缮给门照，并通知清室内务府后方准入内"。[1]这种对于革命党领袖北京之行积极回应的姿态，既是基于自保的诉求，即为维持清帝与皇族"优待条件"，同时也是顺势历史潮流，赞助"五族共和"的表现。实际上，逊清皇室还有着更深层次的考虑，即通过同黄兴、孙中山的沟通与联络，防止当时正活跃猖獗的宗社党对其造成的不利影响。其时，升允在西北的叛乱并未结束，且有与库伦活佛暗中串

---

① 秦国经：《逊清皇室轶事》，紫禁城出版社，1985年，第91—92页。

通煽惑叛乱的迹象，①善耆、铁良与日本人川岛浪速勾结的"满蒙独立运动"则在密谋进行，他们正是打着反对民国、恢复清廷统治的口号。而逊清皇室礼遇孙、黄，支持共和大业的对外声明，无疑是撇清与宗社党之间的关系，对其招摇旗帜的有力回驳，并在侧面回击了宗社党煽惑叛乱的行动。②

三、黄兴与各党团会谈蒙藏问题

黄兴与逊清皇室之互动，不仅是平满汉畛域的努力，同时对于解决蒙藏危机也有导向性意义。其时，早在中华民国临时政府建立初期，黄兴即表示了对于蒙藏问题的关注。1912年3月，黄兴在与刘揆一等人联合发起的"中华民国民族大同会"简章中，声明了对于蒙、藏各地勿再使用"藩属"称谓，以示五族平等之精神。③同月，黄兴又组织"拓殖协会"，称"民生主义以拓地垦荒、殖产兴业为目前切要任务，吾国西北土旷人稀，而东南人满为患"，故提倡移民西北，发展蒙、藏、回各族的边疆经济，以巩固五族共和之基础。④蒙

① 《升允致东省某统领书》，章开沅等主编：《辛亥革命史资料新编》（三），湖北人民出版社，2006年，第542页。
② 《清太后解散宗社党》，《申报》1912年4月8日第2版。
③ 《与刘揆一等发起组织中华民国民族大同会启》，刘泱泱编：《黄兴集》（一），湖南人民出版社，2008年，第260—261页。
④ 《与陈锦涛等致各都督等电》，刘泱泱编：《黄兴集》（一），第258页。

藏危机的日益加深，既是促使黄兴北上晤袁的动议，也成为黄兴在京期间同各团体会谈的重点。尤其值得分析的是，黄兴进京的25天里，在对待蒙藏问题的观念上发生了从"征蒙"向"联蒙"，终至"民族大同"思想的转变。

首先，黄兴在初抵京城之际阐述了"征蒙"的意见。9月13日，袁世凯表示拟请黄兴出任征蒙总司令。[1]9月14日，黄兴在与袁世凯的会谈中谈及了征蒙问题的方针，包括4项主张："一、速建征蒙军用铁道，以便运输灵通；二、电饬东三省及陕甘诸都督四面进兵；三、由中央政府选派精兵三营，分为前中后三队，特委知兵人员统率，由内蒙直往；四、军队赴蒙时，宜维持地方秩序，并保护外人生命财产，以杜外人藉口干涉。"[2]

其次，黄兴改变了起初以武力征服蒙藏的看法，转而表示"联蒙"的认识。

一方面，在黄、袁接续的会谈进程中，10月3日黄兴向袁世凯表示，应当研究统一各省及和平解决蒙藏外交的办法。[3]又，10月4日（离京前一夜），黄兴在同袁世凯的临别赠言称，北京之行仍有尚未完全解决者三事，其中之一即是以和平宣慰及怀柔之策取消蒙藏独立。[4]

另一方面，黄兴在与蒙藏统一政治改良会、北京回教俱

---

[1] 《大总统拟请克强先生为征蒙总司令》，《民主报》1912年9月14日第6版。
[2] 《黄克强之征蒙计划》，《顺天时报》1912年9月15日第7版。
[3] 《黄克强旅京记》，《民立报》1912年10月9日第7版。
[4] 《北京电报》，《民立报》1912年10月6日第3版。

进会、中华民族大同会、北京西北协进会等各党团的欢迎与
交往中，同样积极倡导"联蒙"的意见。

在蒙藏统一政治改良会举行的欢迎会演说中，黄兴分析
了蒙藏独立的原因，其认为内中有3个因素，不解共和精义、
语文隔膜、外人煽惑，实为主要的滞碍。其称，"库伦独立，
考其原因，实以久受专制之毒，加以语言、文字不通，以致
于中国情势不能明了"，况且"英、俄两国日思利用蒙、藏"。

对于解决蒙藏危机的策略，黄兴表示应当包括普及教育
文化与兴修铁路两大层面的内容。一是在蒙藏统一政治改良
会欢迎中，黄兴力主惟有发达教育才是应对蒙藏问题的根本
之途，且认为此应系蒙藏文化与汉文化的双向交流与互动。
即，"欲改良政治，宜从情意上着手，于蒙古地方设汉文学
堂，于中国地方设蒙藏学堂"。并且，兴办蒙藏教育还应采取
"以蒙治蒙、以藏治藏"的办法，"宜以浅近文字，发行日报
或杂志，请蒙、藏最有势力之人传播于蒙、藏地方，输入共
和精义"①。二是在北京西北协进会欢迎中，黄兴阐述了应以
兴修铁路为辅助解决蒙藏危机的策略。其称，既然"蒙、藏
独立之原因，实为道路阻隔之原因，文言不通之原因……蒙
藏以道路不通，致滋疑惑"，故而谋求铁路建设，使之为交通
利器，对于巩固边疆有着特别意义，"实为今日必要之图"②。

---

① 《在蒙藏统一政治改良会欢迎会上的演讲》，湖南省社会科学院编：《黄兴
集》，中华书局，1981年，第260页。
② 《在北京西北协进会欢迎会上的演讲》，湖南省社会科学院编：《黄兴集》，第
268—269页。

基于上述认识，黄兴进一步阐明了联络五族感情、和平解决蒙藏、不宜用兵徒恃征伐的立场，并于中华民族大同会的演说台上手书"南北一家"四字。[1]其称："倘能使蒙藏诸同胞晓然于共和之益，虽外人离间，亦无益也。诗曰：'兄弟阋于墙，外御其侮。'愿我五大民族迅速联络感情，我中华民国自然为世界上最大之共和国家。"[2]

此外，在北京回教俱进会欢迎会的演讲中，黄兴特别强调了宗教在联络五族中的纽带作用："兄弟以为地球上宗教，自以回教为极高尚……原回教发源于土耳其，土耳其虽屡弱，至今犹能独立于世界，即宗教之力也。回教轻生死重灵魂……诸兄弟必能为四族同胞担任巩固国家之责任，而中国国家即可为回教之尚武精神造成之也。"[3]

最后，黄兴表达了追求"民族大同"的终极目标。在北京五族共和联合会上的演讲中，黄兴超越了此前数日所提倡的五族感情联络的基本内涵，进而延伸了"五族共和"概念的外延，认为可以由汉族将满、蒙、回、藏四族"同化于无迹"，期以泯除、融化各种族之间的界限，即视"五族"为暂行之名词。其称："现在民国既已统一，五族既已浃恰，且各族国民同立五色旗下，界域现已不分，'联合'二字，似不应

[1] 《湖南会馆之大欢迎会》，《亚细亚日报》1912年9月17日第2版。
[2] 《黄先生中华民族大同会欢迎演说之名言》，《民主报》1912年9月17日第6、7版。
[3] 《在北京回教俱进会欢迎会上的演讲》，湖南省社会科学院编：《黄兴集》，第263页。

有……若能使五族同化无迹，同归一致，使自此以后，不但无五族意见，并且无五族名目，协力同心，共跻大同。"[1]

值得一提的是，黄兴所谓的"民族大同"思想，从本质上而言，乃以泯灭种族界限为前提，无疑仍回归到了以汉民族为中心的传统民族观的理论框架上。实际上，革命党人所提议的"五族共和"主张，仅是机械地解决了视中华民国为多民族的国家，而非单一民族国家的课题。然而正如同革命党人在发展民初民主政治的经验方面尚处于初探的历史阶段，其在对待国内民族关系结构及各少数民族成分问题上的认识，也是模糊不清的。

进而言之，黄兴在京期间谈论关于解决蒙藏危机的方案，在短暂的25天内，竟经历了从"征蒙"到"联蒙"终至"民族大同"的迅速转变。从某种意义上可以认为，黄兴上述三个维度民族观的流转，背后隐喻的是革命党人取消帝制后，在建设一个现代民族国家的目标和过程中间，存在着幼稚与不成熟的一面。他们对于现代民族国家制度的设计，空有理想，但缺乏精深的研究以及实践的经验，造成了理想与制度建构层面的分离。辛亥革命的成功，固然表明孙中山、黄兴等革命党人可以用武力解决政体的更迭，但面对究竟如何构建一个现代的统一多民族国家，却表现出无所适从的一面：既未能从传统封建王朝处理中原与周边少数民族关系中汲取

---

[1] 《在北京五族共和联合会欢迎会上的演讲》，刘泱泱编：《黄兴集》（二），第509页。

历史借鉴，例如清朝采取的"改土归流"等相对成功的策略；亦无法将欧美与日本等单一制民族国家的理论资源与中华本土多民族的现实情境相结合。这意味着他们需要另一种智慧，但显然其未能做好相应的准备。

四、检讨与反思

辛亥革命初期，同盟会成立之际所标榜的"驱逐鞑虏"，在某种意义上而言，仍建立在大汉民族主义的理论基础上，并成为动员汉族"反满"的政治话语。随着革命风潮的进一步发展，"五族共和"逐渐取代了"驱逐鞑虏"的标语，进而成为南北议和中满汉及其他各民族、各方派系力量达成"妥协"，并实现各区域和平光复的政治基础。[①]

然而在辛亥鼎革政权更迭之际，一方面，满族政权统治结束后，革命党人对于逊清皇室采取宽容优厚政策的同时，在对待满汉关系的认知中间又折射出他们知识结构的缺失与理论视野的狭隘。另一方面，国家政治权力一度真空的状态，使得蒙、藏等边疆地区在境外势力的唆使下出现了异动的现象，革命党人在应对边疆危机问题上，不仅各种主张杂糅其间，甚至是跨越式的，这反映了他们的焦虑、困惑与迷茫。

---

① 参见彭武麟等：《中国近代国家转型与民族关系之建构——民国民族关系史专题研究》，中央民族大学出版社，2017年，第13—24页。

　　关于前者，革命党人与逊清皇室的交往，固然彰显出优待皇族的姿态，但北上进京访问前后，对于满族复杂的态度和情感，也体现出他们充满矛盾的民族观。例如，孙中山在北行期间，游览了明十三陵、景山、长城等地。①由于明朝作为汉族统治的象征性符号，朱元璋一度成为"反满革命"者推崇的代言人，明末崇祯皇帝则自缢于景山。孙中山到此一游，实则隐含着为光复汉族而庆祝的政治意图。②故而，在看似以旅游观光为目标的背后，反映了孙中山"大汉民族主义"的思想。实际上，孙中山在辛亥革命动员中间，不仅使用"驱逐鞑虏"作为合法性旗帜，而且提倡的"恢复中华"，乃是对于汉族统治政权与文化传统的复兴。另有一事可为例证，早在南京临时政府成立之初，孙中山专程拜谒明孝陵，③这其实是对"种族革命"这一目标告成的政治仪式表达。这导致孙中山的"五族共和"学说陷入了悖论：在理论层面，其虽引入了西方资产阶级提倡的以民族平等为基础的现代民族观，但在实践层面，则又以汉民族为本位，并将之视为汉、满、蒙、回、藏五族的中心。由此可见，孙中山在吸收欧美民族学说方面的"消化不良"，仅萌生了民族识别的基本意识，但并未能真正树立起现代民族国家各民族平等的观念，且难以摆脱大汉族主义的传统

---

① 张继：《回忆录》，丘政权等编：《辛亥革命史料选辑》（续编），湖南人民出版社，1983年，第276页。

② 《闲评二》，《大公报》1912年9月18日第3版。

③ 《祭明孝陵》，罗福惠、萧怡编：《居正文集》（上），华中师范大学出版社，1990年，第84—85页。

民族观之窠臼，从中也折射出了民国初年在构建中华民族多元一体格局进程中的曲折性面相。

关于后者，与黄兴所持学说相似的是，孙中山在京期间同样阐述了"民族大同"这一理念，主张"化各族为一族"，其中的"一族"所指即为汉族，这不免染上了民族同化的色彩。孙中山在北京五族共和合进会与西北协进会欢迎会的演说中表示，由"五大民族相爱相亲"，复入"大同盛轨"，进而实现"泯除国界而进于大同……使全世界合为一大国家"①。刘揆一等人在此间发起的"五大民族共和联合会"章程中，尤为强调"融化五族"这一概念。②宋教仁也在次年1月国民党湘支部欢迎会的演说中表达了追求"种族同化"的意见。③事实上，黄兴、孙中山、刘揆一、宋教仁等人所追求的"民族大同"或"融化五族"之目标，并非在真正意义上践行了"民族平等"，相反，其消除民族界限的设想，则从更深层次上陷入了民族不平等，甚至是民族歧视的怪圈。换言之，倘若实现"民族大同"，将五族同化于无迹，必然是以汉民族取代其他四族，这无疑忽视了满、蒙、回、藏各自的民族特色与文化，更无从谈及重视少数民族的政治权利，实则

---

① 《在北京五族共和合进会与西北协进会的演说》，尚明轩主编：《孙中山全集》第七卷"演说"，人民出版社，2015年，第114—115页。
② 《五大民族共和联合会章程》，饶怀民编：《刘揆一集》，湖南人民出版社，2008年，第17—18页。
③ 《国民党湘支部欢迎会演说辞》，陈旭麓主编：《宋教仁集》（下），中华书局，1981年，第447页。

未能超越传统"华夷之辨"的观念。

综上所论，黄兴、孙中山等资产阶级革命党人优待逊清皇室，宣扬"民族大同"学说，虽然反映了其联络五族感情的良好愿望。其在京期间同逊清皇族、蒙藏回各民族、宗教社团联络与交往的活动，强化了国人对"五族共和"的认同及其话语的建构——此既为向国人宣告"破坏时代"的种族革命与民权革命之任务已经完结，同时昭示着革命党人走向"建设时代"开端的历史转型。然而特别需要反思的是，革命党人尽管引进了西方近代资产阶级的民族观，提倡以民族平等为基本原则，从而力图建构现代中国民族国家中的民族政治关系，但不得不承认的是，革命党人对于现代民族理论虽然有吸收，但未能结合中国国情在政治实践层面有所超越，故而使得"五族共和"的理论略显简单与粗糙，这也是辛亥革命时期资产阶级革命党人在民族问题认识模糊的集中反映。这种不容忽视的理论误区体现在：一是将"中华民族"与汉族的概念相等同；二是将"五族共和"与"民族大同"的称呼相互混淆。其以汉民族同化并融合满、蒙、回、藏的民族统一观，在现代中国民族国家建构与转型的进程中，显然有着相当程度的历史局限。

袁世凯与『二十一条』研究

挽救危机的失败：
"二十一条"交涉后的袁世凯政府

　　"二十一条"交涉后，朝野上下为应对外交危机，在内政方面兴起了一场挽救统治危局的运动。不仅各级官吏、名流、士绅纷纷进言献策，袁世凯也一度表现出修明内政的倾向。尽管北洋政府就教育、实业、军事、自治、民生、减政、吏治、立法等方面尝试了短暂性的改制举措，然而内政整顿不仅未达如期目标，反而激化了政府的信任危机。尤其值得注意的是，袁世凯最终转向帝制道路，不仅导致这场挽救危局的努力迅速湮没在洪宪帝制浪潮中，而且使得民初政局发生了深刻的逆转。此外，这场由政界同人主导的、以整饬内治为诉求的努力，与思想界同步发起的新文化运动，共同构成了同时期改造中国政治与社会的思潮。

1915 年 5 月 7 日，日本向中国提出答复"二十一条"的"最后通牒"。因受外患刺激，朝野上下围绕如何挽救统治危局，展开了相关的讨论和实践。然而，目前学界对于"二十一条"交涉后的朝野回应关注程度并不够。王奇生提及了"二十一条"交涉引发的危机动员仅有救国储金及排斥日货两种形式，且认为规模及影响远不如五四、五卅运动。①罗志田勾勒出了"二十一条"交涉结束后民间主导的救亡活动以及思想界动向与"五四"新文化运动之间的内在脉络。②两位学者对于"二十一条"交涉后民间反应的论述贡献颇多。然而，关于政府在因应时局方面的动向，学界则鲜有涉猎。笔者拟以相关史料的梳理为基础，以期对"二十一条"交涉后袁世凯政府的研究有所补益。

一、统治危局下的"条陈时代"

"二十一条"交涉的失败，使得袁世凯政府陷入空前的统治危机。革命党人掀起了"倒袁风潮"，其将外交受挫归咎为袁世凯"一人政治"的恶果，视"二十一条"为袁世凯与日

---

① 王奇生：《亡国、亡省与亡人：1915—1925 年中国民族主义运动之演进》，柯伟林、周言主编：《不确定的遗产》，九州出版社，2012 年，第 103—128 页。
② 罗志田：《救国抑救民？"二十一条"时期的反日运动与辛亥五四期间的社会思潮》，《乱世潜流：民族主义与民国政治》，上海古籍出版社，2001 年，第 60—108 页。

本交换帝制之条件，直呼以挽救国难"非以万众之力推翻袁政府"①。民间一面激烈抵制日货，一面由上海商会发起扩展至全国的"救国储金"运动。不仅欧战的纷扰使得外交环境紧张，而且继《中日新约》，政府又有《中俄蒙协约》之签署，利权持续外溢。

对于袁世凯而言，为因应外交危机的负面影响，象征性地发表了系列救亡"痛言"。其在讲话中称，内政孱弱是外交失败的重要根源，"历观史册兴亡之故，不在外祸之可虑，而在内政之不修"②。外交受挫应为内政兴革提供动力，"苟国内政治修明，力量充足，譬如人身血气壮硕，营卫调和，乃有以御寒燠溼之不时，而无所侵犯。故有国者，诚求所以自强之道"③。故而，袁以政界摒除私见、交相勖勉为号召，并鼓励救亡条陈的上达。

政府同人及在野政治家，同样有呼唤厘革内政的诉求。5月20日，都肃政史庄蕴宽等领衔上"救亡条陈"，提出以"减省军费以充军实""严核浮冗以裕财政""整饬吏治以恤民生""广求人才以应时变"为"治标"之策；"治本"之方，一在

---

① 《宋渊源所散播传单》，台湾"中研院"近代史所编：《中日关系史料·"二十一条"交涉》（上），1985年，第406页。
② 《去弊救亡令》，骆宝善、刘路生主编：《袁世凯全集》第三一卷，河南大学出版社，2013年，第386页。
③ 《力图自强勿任浮嚣令》，骆宝善、刘路生主编：《袁世凯全集》第三一卷，第427—428页。

普及教育，二在振兴实业。^①袁世凯接到"救亡条陈"后回应，"汰无用之冗兵，裁不急之浮费，慎选爱民之良吏，勤求适时之人才……至普及教育，以增进人民之道德智识技能，振兴实业，以利用国家之地力人工资本，尤为百年之大计"^②。

"救亡条陈"即刻引发了关于救亡时局的讨论，各级官吏、社会名流、地方士绅或上书中央，或撰文论政，为袁世凯政府进言献策。

在军事方面，袁世凯对肃政史上书中的"核减军费"做出了批示，正式陆军"额不必多，但求精练，务使有一兵即能得一兵之用，俾财不虚糜"^③。然而潼关县知事胡瑞中对"救亡条陈"的意见不表苟同，认为救亡大计之"主药"当在速行征兵与设兵工厂，而非教育、实业等"辅药"之方。^④山西将军阎锡山上书，认为非采取强迫制征兵不足以强军，并须知国民教育、实业之发达，地方警察、自治之实行，为征兵筹备的前提。^⑤萨镇冰建议整顿各地兵工厂，使统归陆军部

① 《都肃政史庄蕴宽等呈》，黄纪莲编：《中日"二十一条"交涉史料全编》，安徽大学出版社，2001年，第241—243页。
② 《大总统申令》，《政府公报》第57册第1911号，第253页。
③ 《与某顾问谈军备计划》，骆宝善、刘路生主编：《袁世凯全集》第三一卷，第464页。
④ 《为敷陈救亡大计之肃政史进一解》，《神州日报》1915年6月25日第4版。
⑤ 《军国主义谭》，山西省地方志办公室编：《山西民初散记》，山西人民出版社，2014年，第96—105页。

直辖，避免与中央权限分歧，且调配、划一各厂枪械数目。①
康有为通过观察欧战中的军事较量，倡以国家军力强弱尤在
军械完备，故建议目下讲求治械，当延请德、美之名技师，
并"先广购美及智利之良枪炮、潜水艇以应急需"②。袁世凯
亦表赞同："假如财政有百元之宽余，即以五十元完整军备，
二十五元扩张教育，二十五元振兴实业。而完整军备，对于
军械问题尤须特加注意。"③复兴海军成为时人议题。严复以
日本依海军雄厚实力，先后在甲午之役、侵覆德人山东半岛
租地中获胜，号呼兴办海军之必要。④谭若森以整顿江南船坞
为例，提出设立完备之军港，以为"修造军舰与舰用机器等
物之便利"。⑤有建言者进一步提出，在造舰、筑港两项外，
培养海军专门人才乃"振兴海军之根本基础"⑥。

在实业方面的建议中，伯因对专注军事改革的条陈提出
相反的见解，倘仅"汲汲求于简单武力之国防"，而不重视经

---

① 《兵工厂事务督办萨镇冰关于拟请整理各省兵工厂详细条陈详细条件清折》，
中国第二历史档案馆编：《北洋政府档案》第53卷，中国档案出版社，2010
年，第536—545页。

② 《治械》，姜义华等编校：《康有为全集》（十），中国人民大学出版社，2007
年，第236—239页。

③ 《与国务卿徐世昌谈关于强国方针》，骆宝善、刘路生主编：《袁世凯全集》
第三一卷，第654页。

④ 《新译〈日本帝国海军之危机〉序》，王栻主编：《严复集》（一），中华书局，
1986年，第348—349页。

⑤ 《陆海军大元帅统率办事处为抄送威克斯厂谭若森条陈整顿江南船坞及处置
上海制造局办法致兵工厂事务督办萨镇冰函》，中国第二历史档案馆编：《北
洋政府档案》第53卷，第508页。

⑥ 《论培养海军人才之必要》，《顺天时报》1915年7月21日第2版。

济实力之培育，不啻舍本逐末，惟有制造国货、广筑工场、挽回利权，方能树国家万年之基。[①]张謇探讨"救国储金"之用途，认为5000万元捐募目标，"言教育，不足支全国应设置大学开办经常等费，言海军，不足造一头等战舰，言陆军，不足当全国一岁费也"，不如为实业备费，"五千万之棉织业兴，足抵五百万兵之一战"[②]。政事堂参议王鸿猷称，不妨以"救国储金"兴办劝业银行，专以劝农通商惠工为性质，务以引起企业家投资心理为宗旨[③]。袁世凯回应，可招股资本500万元，投资于水利、森林、畜牧、矿业、工场等项[④]。又，财政总长周学熙建议筹办"民国实业银行"，拟定资本2000万元，股份由官商各认其半[⑤]。袁世凯给予批示，并以专事运输、保险两业为银行经营之业务[⑥]。安徽巡按使倪嗣冲则视农业为实业之根本，"中国工商欲与东西洋先进之国互相角逐……窃恐难收速效"，不如兴植垦牧、讲求水利，以藏富于民。农业兴，"则兴学、练兵自能蒸蒸日上"[⑦]。中国银行总

---

① 伯因：《烟突主义》，《正谊杂志》第1卷第9号，1915年9月。

② 《张謇对于救国储金之感言》，《申报》1915年5月23、24日第11版。

③ 《王鸿猷主张以储金办银行》，《申报》1915年5月24日第10版。

④ 《筹设劝业银行之大概》，《时报》1915年8月9日第2张第3版。

⑤ 《财政部呈筹办民国实业银行拟具章程并变通营业及招集股本办法请钧鉴文》，虞和平、夏良才编：《周学熙集》，华中师范大学出版社，1999年，第595页。

⑥ 《筹办民国实业银行令》，骆宝善、刘路生主编：《袁世凯全集》第三二卷，第335页。

⑦ 《为倡农而后兴学练兵致徐世昌函》，李良玉、陈雷主编：《倪嗣冲函电集》，社会科学文献出版社，2011年，第244—245页。

裁李伯芝同样认为，"奖励农业为今日发达国民经济之最要政策"，故当设立一种农业金融机关。[①]该条陈为袁世凯所注意，并交由财政、农商部筹议，增设"农工银行"条例，贷款牛皮、蚕丝、粮食等农产品，以周转融通农工资金。[②]

持教育救国论者络绎不绝。前参议院议员李国珍呈文袁世凯，提请设立教育厅"专兴学之责任"[③]。汪家栋呼吁关注社会教育，如设立露天学校及各种补习学校。[④]康有为瞩目军事教育，提议将"救国储金"设立飞天、遁地、潜水、驰陆、百工博物院五校，"以广励物质之学识，以成一切工程之才"[⑤]。亦有论者称，练兵所造就者有强健体格，而无爱国精神；兴学所造就者具爱国精神，而乏强健体格，惟"军国民教育"兼具二者之优。[⑥]值此外交紧迫背景下于天津召开的"全国教育界联合会"，最重要的提案即将"义务教育"定于宪法，如是可防因"修改普通法令，手续至为简易"而造成

①《今日之银行政策》，《申报》1915年7月12日第6版。
②《财政部呈为拟定农工银行条例缮单仰祈钧鉴文》，虞和平、夏良才编：《周学熙集》，第626—627页。
③《李国珍对于改良教育之建白》，《神州日报》1915年6月19日第3版。
④ 汪家栋：《救国兴学方法以外之意见书》，《时报》1915年8月17、19日第3张第6版。
⑤《救国储金宜用以设飞天遁地潜水驰陆之校及百工博物院说》，姜义华等编校：《康有为全集》（十），第252页。
⑥《军国民教育救国论》，佚名编：《国耻痛史》，文海出版社，1966年，第190页。

朝令夕改之弊。①教育部遂拟启动"义务教育施行程序",包括划定学区、调查学龄儿童、普设小学、划一学制、造就良好师资等。②

在澄清吏治方面,安徽巡按使韩国钧批评称,近日条陈或为振兴实业,或曰提倡教育,实不知治国之经纬当自整顿吏治始。③官场腐败已成士人共识,冯国璋表达了"欲整顿吏治,非用武力解决"的决心。④国务卿徐世昌提出以考核政务厅、甄别县知事、考核盐务官为清理积弊之要素。⑤王鸿猷劝诚总统当以"学术、经验、节行、声名、所言、所事"为官员任用之标准,务必破除情面,禁绝滥竽。⑥关于县级民政之推动,韩国钧称虽值财政艰处,然必以增加各县知事办公经费为要义。⑦熊希龄认为,对县知事应由"内务部查照中外吏治良法,定立功过表则"⑧。对于吏治条陈,袁世凯表现出特

---

① 《1915年第一届全国教育会联合大会议决案之一:请将义务教育列入宪法案》,朱有瓛主编:《中国近代学制史料第三辑》上册,华东师范大学出版社,1989年,第325页。

② 《教育部为准义务教育施行程序致大总统呈》,中国第二历史档案馆编:《北洋政府档案》第90卷,第23—30页。

③ 《安徽巡按使韩国钧呈筹拟整顿吏治办法当否请示文》,《政府公报》第61册第1149号,第192页。

④ 《闲评一》,《大公报》1915年6月29日第2版。

⑤ 《整顿内治之动机》,《申报》1915年6月5日第6版。

⑥ 《王参议忠言谠论之一斑》,《时报》1915年5月20日第2张第3版。

⑦ 《安徽巡按使韩国钧呈筹拟整顿吏治办法当否请示文》,《政府公报》第61册第1149号,第192页。

⑧ 《为省亲沿途考察地方情形呈大总统文》,周秋光编:《熊希龄集》(五),湖南人民出版社,2008年,第297—303页。

别的重视，既要使官吏严自检束、慎防中饱，又要避免以一知半解之徒滥充官场，专门行政必须访求专门人才。①

至于"救亡条陈"及整顿内政的建议，孙洪伊表示并不看好，完善内政仅系枝节性的改革，改良政体才是兴国之根本。若仍以专制精神谈维新之政治，一切努力难免徒劳。②杨永泰回应，所谓修明内政，整饬吏治不过"多杀几个王治馨"，振兴实业不过"多借数千万磅之外资"，提倡教育不过"多编几种教育纲要"。惟有改良政治组织，是为"根本的疗治"③。

共和立宪实行的要素，应以广开言路，制定宪法，恢复国会、省议会、自治为目标。徐傅森反对袁世凯的独裁政治，并解释"强有力政府"在西方语境是"强而善之政府"的含义，呼吁从"建设尊重真正民意机关始"④。在林长民主笔、政事堂八参议共同起草的条陈中，明确表示："宪法为国家之根本，不立宪则国家政治无统系。"⑤政事堂参议曾彝进谏言速行地方自治，征兵、退伍、整理财政、调查户口等行政事务"有委托于自治机关而克收指臂之效"⑥。四川将军胡景伊提出以速开国会为基础，整理全国财政、扩张海陆军、实行

---

① 《访求任用专门技术人才令》，骆宝善、刘路生主编：《袁世凯全集》第三二卷，第46页。
② 孙洪伊：《对于肃政史救亡条陈之意见》，《正谊杂志》第1卷第9号，1915年9月。
③ 杨永泰：《今后国民应有之自觉心》，《正谊杂志》第1卷第8号，1915年8月。
④ 徐傅森：《强有力政府之效果》，《正谊杂志》第1卷第8号，1915年8月。
⑤ 《八参议请实行宪法》，《申报》1915年6月30日第6版。
⑥ 《内务部呈遵议政事堂参议曾彝进条陈提前实行地方自治暨整理财政办法并案呈明请示文并批令》，《政府公报》第57册1914号，第394—395页。

军国民教育、广设兵工厂。①进步党人视此际为立宪复兴良机，提出重建地方议会。②阅毕上述建议，袁世凯表面上深与嘉许，一方面宣称"宪法为立国要典，关系至为重要，全国官民必视均极重视"③，未来宪法制定中"宜使立法部权力略为伸张……每年一加修改，俾民权渐次扩张"④；另一方面，又言恢复立法机关，"尤以立法与行政相辅，乃能共谋国是"⑤。费树蔚的论述更进一步，认为在恢复议会之外，亦应联络海外革命党人，存政党、收暴徒，因暴徒中不乏超杰之才。该建议固难为袁世凯接受，袁批示"精神可嘉，但有不合情理之论述"⑥。

然而部分人士对整饬内政及改良政体均持保留态度。杨永泰认为"政治为枝叶，社会为根本"⑦。梁启超阐明"政治基础在社会说"，鼓励聪智勇毅之士"共戮力于社会事业，或遂能树若干之基础"⑧。黄远生反省时局，认为当以改造个人

---

① 《胡景伊亦请速开国会》，《神州日报》1915年6月27日第4版。

② 《进步党上大总统书》，《神州日报》1915年6月12、13日第4版。

③ 《与某要人关于宪法起草之谈话》，骆宝善、刘路生主编：《袁世凯全集》第三十二卷，第67页。

④ 《对于制定宪法之意见》，骆宝善、刘路生主编：《袁世凯全集》第三二卷，第118页。

⑤ 《克期成立立法机关令》，骆宝善、刘路生主编：《袁世凯全集》第三一卷，第535页。

⑥ 《批费澍蔚呈文》，骆宝善、刘路生主编：《袁世凯全集》第三二卷，第476—479页。

⑦ 杨永泰：《黑暗政象之前途》，《正谊杂志》第1卷第7号，1915年7月。

⑧ 《政治基础与言论家之指针》，张品兴主编：《梁启超全集》（九），北京出版社，1997年，第2793—2797页。

为改造社会的前提。①金天翮在上大总统书中提倡从学术、文化为入手，视"正人心，端学术""研究性理，崇言陆王之学"为治本之策。②社会改良会雍涛发出"多妻乃中国人之大病、嫖赌足以亡国"之警告。③马相伯、英敛之强调，宗教可拔去中国人的懒根性，且认定一个"真宗教"而归依之，为改良中国社会之要素。④袁世凯亦认同以"倡兴宗教"，挽救日渐堕落之道德。⑤然而，就改良政治与社会何者为先，章士钊批判梁启超"政治基础在于社会之说"，认为此系防止革命之举。社会事业之进行，不能离乎政治之外，恶政治之下，难以培植出良善社会。⑥

从某种意义上讲，"二十一条"交涉结束之初，朝堂内外形成了一股上书、建议、昕夕讨论的救亡气氛。《申报》评论称，正可谓一段"无日不有所见"的"条陈时代"。⑦曹汝霖亦回忆，政府一时曾力图振作，以期百废俱举，"每次会议，必有新提案提出讨论"⑧。可以看出，一方面，对于政府同人及在野政治家而言，即便老生常谈之条陈居多，但毕竟受外交失败之刺激，乃有一番表示振作之决心，这实际上仍沿袭

---

① 《忏悔录》，王有立主编：《黄远庸遗著》，华文书局印行，1936年，第103页。
② 《金天翮上大总统正本救亡大计呈》，《大公报》1915年9月22、23日第3版。
③ 《中央公园之盛况》，《时事新报》1915年5月28日第3张第4版。
④ 英敛之：《社会改良会演说词》，《大公报》1915年6月26日第1、2版。
⑤ 《讨论倡兴宗教进行办法》，《大公报》1915年6月4日第2版。
⑥ 《政治与社会》，《章士钊全集》（三），文汇出版社，2000年，第427—455页。
⑦ 《条陈时代》，《申报》1915年7月20日第7版。
⑧ 曹汝霖：《一生之回忆》，传记文学出版社，1970年，第102页。

了洋务运动、戊戌维新、清末新政以来"外患—救亡"的传统路数。另一方面，就袁世凯本人而言，其虽对部分上书作出了相关回应，但从来往函件的批复中看，似多为因应条陈者的"应景之作"。对于纷繁琐碎、杂乱零散的建议，袁世凯既无心加以整理、提炼，更谈不上在整饬内政中通盘的统筹与整体性的战略设计，这也从另一个侧面反映了袁世凯缺乏改制的诚意以及对于时局清醒的认知。

二、内政改制与政府信任危机的激化

在内政整饬中，由于袁世凯全局意识的缺失、顶层设计的混杂、厘革方向的迷失，不仅决定了继之而来的实践活动必然仅是流于琐屑的小修小补，而且暗示了极为有限的成效。

在教育方面，教育部在小学教育、师范教育、社会教育等方面做出部分调整。在小学教育层面，首先是 7 月 31 日"国民学校令"与"高等小学校令"的发布。前者为义务教育性质，自此令颁行，民国元年"小学校令"及"初等小学校"即行停废、更名；后者系以增进国民学校之学业，并完成初等普通之教育为宗旨。①俟二令通行后，教育部拟定以八年为期的普及小学教育计划。8 月 6 日，教育部再颁行《地方学事

---

① 《公布高等小学校令》《国民学校令》，骆宝善、刘路生主编：《袁世凯全集》第三二卷，第215—221页。

通则》，明确以地方自治区为义务教育办理之学区，并负担区内办学经费各项。①随后，教育部从京师小学入手，检定教员，期将不称职之教员，悉从沙汰。②就师范教育而言，教育部以统一师范精神为要旨，于8月10日至28日间，邀请全国各师范学校校长暑假来京会议，讨论国民人格教育与生活教育并重、国民适用之文字与高等文学异趣、师范学校招考学生及毕业生服务任用法等论题。③社会教育方面，7月18日，教育部颁布《通俗教育研究会章程》，专事小说、戏曲、讲演研究，为移风易俗之辅用。④

在实业方面，农商部的举措主要表现在劝业委员会及国货展览会的筹办。6月8日，农商部颁布"劝业委员会"章程，并下设工业试验所、工商访问所、商品陈列所，以编纂实业法令、培养工业技术人才、调查海内外工商状况、提供企业咨询等为导向。⑤为使国货云集，"观摩互益、发扬国粹、标本广陈、声誉增高"⑥，6月18日，农商部特设"国货

---

① 《教育部为准地方学事通则致大总统呈》，中国第二历史档案馆编：《北洋政府档案》第90卷，第39—45页。

② 《教育部呈遵谕考验京兆各属小学教员详拟甄别规程缮单请示文》，《政府公报》第62册第1167号，第285—286页。

③ 《教育部采录全国师范校长会议案》，中国第二历史档案馆编：《北洋政府档案》第90卷，第59—82页。

④ 《通俗教育研究会章程》，中国第二历史档案馆编：《中华民国史档案资料汇编（第三辑）·文化》，江苏古籍出版社，1991年，第102—103页。

⑤ 《将劝业委员会章程缮具清折恭呈钧鉴》，《政府公报》第58册第1110号，第404—407页。

⑥ 《农商部之公函》，《北京日报》1915年7月1日第3版。

展览会"于京师，并"责成各商会就地调查，并由县知事督同劝募，汇详巡按使，解交本埠"①。为鼓励起见，政府特免展品入京之税厘。9月1日至10日，内务总长朱启钤于先农坛组织"京都出品协会"为导引，并借以改进京都百工凋敝之象。②10月1日至20日，国货展览会开幕，除江西、新疆、黑龙江、云南、贵州未备齐物品外，其余各省均有特产陈列其间。张謇喜赞："凡此诸品……或足应国内之需要，或足扩国外之销场，倘从此更加讲求推广产额，自不难发展经济，裨益国本。"③

在军事方面，值得注意的是征兵制度的启动。征兵之议于前清"北洋时代"已启首端，但民国以后因手续至繁而屡经搁置。军界同人表示军备整顿、扩充兵工厂皆为小修小补之功，根本仍在征兵制度之改良。故而，统率办事处拟设立"征兵讲习所"，以陆军部闲置咨议为学员，分赴各省广宣征兵要义，④并计划组成以陆军总长王士珍为会长、原保定军官学校校长蒋方震为主任的"征兵研究会"，磋商以直隶、河南、山东为先行试办区域。⑤未久，京兆征募局、河洛道征募

---

① 《农商部呈限期征集商品开设国货展览会请示遵文》，《政府公报》第59册第1120号，第153页。

② 《市政公所筹设国货展览会京都出品协会通告》，朱启钤：《蠖园文存》，文海出版社，1966年，第183—184页。

③ 《关于国货展览会办理情形致大总统呈文》，沈家五编：《张謇农商总长任期经济资料选编》，南京大学出版社，1987年，第278页。

④ 《举行征兵制度之先声》，《顺天时报》1915年6月29日第2版。

⑤ 《设立征兵研究会之开幕期》，《盛京时报》1915年7月6日第3版。

局先后开幕。^①

至于地方自治的复办，若就全国范围推行，工程浩瀚，实属不易。审计院顾问葛诺发遂上"建设模范行省"条陈，不如先就一省妥慎推行，从京兆一隅先行试验。既可足表政府改制的真心，又可收"由一隅而推及全国"之效。^②袁世凯于7月21日发布《筹办京兆地方自治事宜令》："京兆为全国所具瞻，当定为特别区域，以作自治模范……务仿西国都市之政，东邻町村之规，心摹力追，日久完备"^③。关于模范自治之内容，按照内务部设想，涵盖了"学务""卫生""道路工程""农工商务""慈善""公共营业"等方面。^④

实际上，尽管改制名目繁多，但变革举措的枝节性、实施时间的短暂性、办理成效的微弱性，使得教育、实业、军事、地方自治等项，皆不啻为政府施政进程中的常态，实难副厘革之盛名。并且，因主持者在民生办理、减政推行、吏治整顿、立法筹备等方面的失当，致使挽救危机的努力非但未能如愿奏效，相反陷入更为尴尬的境地，政府信任危机进一步激化。

先言民生办理方面，目标与结果适得其反。黄远生曾以

---

① 《京兆征募局概况》《河洛道征募局概况》，张侠等编：《北洋陆军史料》，天津人民出版社，1987年，第199—201页。

② 《葛诺发请建设模范行省之条陈》，《大公报》1915年7月21日第3版。

③ 《筹办京兆地方自治事宜令》，骆宝善、刘路生主编：《袁世凯全集》第三二卷，第149页。

④ 《京师试行模范自治之嚆矢》，《神州日报》1915年7月27日第4版。

合办平民生计与平民教育，向徐世昌提请组织"全国生计委员会"："平民生计发达，即可为国家增加税款，平民教育普及即于练兵前途大有裨益。"①6月14日，袁世凯发布于政事堂内《筹办全国生计委员会令》："无论财政如何困难，而民事决不可缓。总期通国无无用之物，亦无无用之人。"②然而"全国生计委员会"的设立不仅未能赢得好感，反而迅即招来了批评。首先是会长人选互相推诿。最初外间传请姚锡光担任会长一职，但因其充"五族同进会"会长，故打消此议。③张一麟亦表力辞，杨度又以"不屑小就"而推托，严修同样未行履任。最终，汤叡勉强允任，政府迟至半月之久才确定该会委员名单。④其次是各方意见纷杂不一。对实施区域，一种主张缩小范围，以京师为首区；一谓宜于各省同时调查进行，胡瑛则建议"先从生计尤困之各省着手"⑤，以致该会成立一月有余，不仅章程未能成立，而且尚未正式开会。⑥再则是政府的不实报道尤为失信。先前多传办事员已离京分赴各地考察，但实际上并未出发，"所有各报喧载均系一种推测，毫不足据"⑦。时各省水灾相继，该会行动之迟缓，不禁令观

① 《平民生计教育合办政策之建议》，《新闻报》1915年6月11日第2张第1版。
② 《著筹办全国生计委员会令》，骆宝善、刘路生主编：《袁世凯全集》第三一卷，第564页。
③ 《关于国计民生之根本政策》，《顺天时报》1915年6月21日第2版。
④ 《生计委员会之人物及章程》，《时报》1915年6月26日第2张第4版。
⑤ 《师范校长会议与生计委员会议》，《申报》1915年8月23日第6版。
⑥ 《生计委员会之闻见录》，《盛京时报》1915年7月30日第2版。
⑦ 《生计会进行之真相》，《时报》1915年8月25日第3张第5版。

者叹息此惟"空作远大难行之论"①。批评者愤然视"全国生计委员会"不过"在政事堂多挂一种空牌子而已"②。有建议者进一步扬言，与其纵任该会毫无所表现，不若将此赘瘤机关予以裁废。③

在减政裁员的行动中，政府表现得更是有心无力。袁世凯采择"救亡条陈"中的减政建议，以总统府内裁汰冗员为各行政机关减政之倡，且逐一规定各部职官员额、每月薪俸，并令各总长"不能再以裁无可裁之呈文，敷衍了事"④。未久，各部裁减人员见诸报端：外交部裁减30余人，陆军部减少顾问、谘议百十余人，财政部淘汰部员69人，总统府及政事堂裁去办事员28人、顾问及谘议47人，⑤盐务署撤销人员13名。⑥然而减政并非一帆风顺，其迅猛的实施速度，遭到了各部激烈的反应及"不合作"之困窘，如教育部即抱怨无员可裁，⑦财政、农商部称"洋员顾问皆以合同关系，不能裁撤"，陆军部以多半军官系"有功民国者，待遇不得不稍优也"⑧，海军部则擅行特别之法，将应减人员暂缓裁汰并改为谘议。⑨

①《生计委员会之抽象观》，《时报》1915年8月19日第2张第4版。
②《生计会与劝业会之将来》，《大公报》1915年6月26日第2版。
③《生计委员会表见之一端》，《亚细亚日报》1915年9月21日第2张第3版。
④《中央减政之大霹雳》，《神州日报》1915年7月24日第3版。
⑤《各部被裁人员之总数》，《顺天时报》1915年7月21日第2版。
⑥《盐务署裁汰人员》，《东方杂志》第十二卷第九号，1915年9月。
⑦《教财两部之裁员情形》，《申报》1915年7月23日第6版。
⑧《中央举废之新计划》，《新闻报》1915年7月23日第2张第1版。
⑨《海军部裁员之特别办法》，《时报》1915年8月8日第2张第4版。

在吏治整顿层面，此间的"五路大参案"，使得政府与刷新吏治的初衷南辕北辙。参案始于肃政史联名请查办津浦、京张、京汉、京奉、沪宁等五大铁路舞弊营私案。6月18日，津浦铁路局长赵庆华首先被撤职查办。[①]6月20日，袁世凯又以交通部次长叶公绰与此案最有关系，将其停职候传。[②]随即，京张铁路局长关冕钧、京汉铁路局长关赓麟、京奉铁路局长李福全、沪宁铁路局长钟文耀次第被弹劾。参案发生伊始，时人多将"五路大参案"的处置视为澄清吏治之契机，热忱期待政府严格尊重法律，有效惩治，"驱除官邪……有现实之一日"[③]。未久，舆论发生逆转，有论者揭其内幕，虽以表面观之，官吏变动是整顿官方之举，但其中实含有粤系、皖系"政党倾轧"意味。[④]许宝蘅亦指此案乃"门户之祸，恐将累及国家，颇欲上书论之"[⑤]。皖系者，以政事堂左丞杨士琦、周学熙为代表；粤系者，以梁士诒及交通系组成。杨士琦与梁士诒结怨素久，遂拟利用肃政史弹劾之笔，企图推翻交通系势力。各界哗然，政府"面子上虽若为察弊除贪起见，而黑幕之中……谁败谁成，无非鸡虫得失，一进一退，且同鹬蚌交持"[⑥]。由今日之人心以言中国，"则多一党派，即多

---

① 《北京电》，《申报》1915年6月20日第2版。
② 《准叶恭绰暂行停职令》，骆宝善、刘路生主编：《袁世凯全集》第三一卷，第601页。
③ 友箕：《驱除官邪之希望》，《神州日报》1915年6月25日第1版。
④ 《北京电》，《申报》1915年6月23日第2版。
⑤ 许恪儒整理：《许宝蘅日记》（二），中华书局，2010年，第536页。
⑥ 《闲评一》，《大公报》1915年7月8日第2版。

一蠹贼"①。本是一场整顿吏治之"五路大参案"，不惟沦为
党派斗争之工具，而且平政院在审理案件中并未能发挥实质
性作用。特别是政府禁刊有关消息，在秘密状态下办案，亦
不免令外间浮想。许久，参案预审未见动静，外间感喟不替
官场五分钟热气之作风。②最为失望的是该案"雷声大，雨点
小"的结局。8月20日，京张铁路案审理结果公布，仅褫去关
冕钧职。③10月19日，袁世凯申令，仅将赵庆华着付文官高等
惩戒委员会惩戒，又以叶恭绰被劾各节查无实据，销去停职
处分。④12月5日，京汉铁路案收尾，关赓麟交付文官高等惩
戒委员会。⑤

　　立法院的复办更是遥遥无期。此际，袁世凯一度流露出
恢复共和立宪的意图：5月25日，袁颁发国民会议组织法选
举施行细则令、国民会议暨立法院议员初选资格调查期限
令，⑥6月10日，又下达克期成立立法机关令，⑦7月1日，参
政院拟推举李家驹、汪荣宝、达寿、梁启超、施愚、杨度、

①《党派之新名词》，《申报》1915年7月3日第2版。
②《闲评二》，《大公报》1915年8月5日第3版。
③ 岑学吕编：《三水梁燕孙（士诒）先生年谱》（上），文海出版社，1972年，第270页。
④《整顿津浦铁路责成交通部办理令》，骆宝善、刘路生主编：《袁世凯全集》第三四卷，第157—158页。
⑤ 岑学吕编：《三水梁燕孙（士诒）先生年谱》（上），第271页。
⑥《公布国民会议组织法选举施行细则令》《公布国民会议暨立法院议员初选资格调查期限令》，骆宝善、刘路生主编：《袁世凯全集》第三一卷，第419—420页。
⑦《克期成立立法机关令》，骆宝善、刘路生主编：《袁世凯全集》第三一卷，第535页。

严复、马良、王世澂、曾彝进等十人为中华民国宪法起草委员。①一时间，立宪曙光普照，民国社会似有"百世之基亦可从兹巩固"之相。②然而，在欣喜之余亦免不了疑虑者的担忧，或恐将来立法院之成绩，"决不能大异于现在之参政院，将来国民会议之成绩，亦决不能大异于已去之约法会议"③，或是揣度"此次所起草者，名为宪法，实则不过将约法略为放大耳"④。此外，宪法起草中禁止旁听的神秘主义，同样"不足以昭其慎重也"⑤。时隔不日，"筹安会"粉墨登场，使得方兴未艾的共和立宪悉归泡影。舆论黯然神伤，此不啻"神经病之中国"⑥。

政府在办理民生、减政、吏治、立法等层面的失误及"偏转"，俨然使得当局者标榜的内政改制，信用丧失殆尽。批评者谓，朝野上下无不弥漫着"垂头丧气"之相：官吏争权、军政窳败、司法黑暗、风俗惰偷、社会龌龊，已全无新国气象。⑦如是，不仅挽救危机的努力显得疲软无力，而且进一步激化了各方势力对于政府的积怨之恨。究其原因，一方面是袁世凯在整顿内政中敷衍与虚伪的态度使然，另一方面，

---

① 《参政院呈报推举李家驹等为中华民国宪法起草委员文》，《政府公报》第60册第1137号，第293页。
② 《宪政进行之曙光》，《顺天时报》1915年6月12日第2版。
③ 《闲评一》，《大公报》1915年6月12日第2版。
④ 《闲评一》，《大公报》1915年7月3日第2版。
⑤ 友箕：《异哉马叟秘密起草宪法之主张》，《神州日报》1915年7月26日第1版。
⑥ 冷：《神经病之中国》，《申报》1915年9月10日第2版。
⑦ 默：《无新国气象》，《申报》1915年8月2日第7版。

此际袁世凯已将注意力逐渐转向称帝的目标。这使其再也无暇兼顾进行中的内政厘革诸业，而朝野上下挽救危局的努力归于失败，必成定局。

三、洪宪帝制与"无果而终"的改制结局

改制自身的"先天不足"、外交形势的干扰以及"帝制派"的阻挠，注定了无果而终的结局。

首先是改制本身存在着重大的缺陷。其一是经费难产。对"全国生计委员会"而言，任务不但极其重大，且关系甚为紧要，故所需经费极多。然而财政部一再表示"现值财政艰处，实无筹拨之处"[1]，后虽经屡次争取，最终该部仅允认"可供给调查之实费而已"[2]。其间教育总长汤化龙力谋的"设立教育厅"草案，卒以经费未能解决，未及实践便胎死腹中。[3]实业计划中的"农工银行"，囿于财力不济，实施范围惟以京兆通县、昌平为限。[4]

其二是人才匮乏。以京师甄别小学教员为例，考核结果实未尽人意，教员国文无根底者居多，故考试结果惟迟迟不

---

[1] 《生计委员会之经费问题》，《顺天时报》1915年7月9日第2版。
[2] 《生计委员会之前途观》，《顺天时报》1915年8月6日第2版。
[3] 《设置教育厅之变通法》，《申报》1915年8月13日第6版。
[4] 《全国农工银行筹备处核拟通县昌平农工银行放款规则详稿》，中国第二历史档案馆编：《中华民国史档案资料汇编（第三辑）·金融》，第414—415页。

发，该试验终作无形之取消。①再如"劝业委员会"，进行之初颇显五分热血之朝气，然因会长雍涛于做官一事本不在行，未久便往西山避暑，卒留洋顾问数位敷衍门面，遂成虎头蛇尾之势。②

其三是施行缺乏必要的准备，有操之过急的倾向。以减政裁员为例，实行之过速，迅即引起了各部恐慌，有识之士注意到其中要害在于善后之策缺失，故建议对被裁人员谋求安置之法。③再如京兆自治的办理，政府亦颇显激进化姿态：8月初尚决议分四期进行，以半年为一期，第一期为筹划时期；④然一月以后，则提出加速之方，即以"八、九、十三个月为筹备时代"⑤；或言明春完成京兆模范自治，下半年各省成立分会，后年全国各县通告完竣。⑥

其四是政策自相矛盾。对减政而言，前述"安置裁员"建议一经采纳，复呈一番"互相抵触"之景观，"一方裁汰若干人员……一方又新设某某局所以位置旧僚"，增、减经费相较，哑然为自欺欺人之事。⑦再以"全国生计委员会"言，政府一面称筹办平民生计，一面又行反民生之举，吴贯因历数政府与民争利之例，虽不盼望该会裨益民生，但求"禁止官

---

① 《甄别小学教员发表之迟缓》，《大公报》1915年10月5日第3版。
② 《劝业委员会之虎头蛇尾》，《顺天时报》1915年7月14日第2版。
③ 《北京电》，《申报》1915年7月13日第2版。
④ 《京兆模范政区之分期筹办》，《大公报》1915年8月2日第2版。
⑤ 《京兆办理自治之程序》，《大公报》1915年9月1日第3版。
⑥ 《自治推行之顺序》，《亚细亚日报》1915年9月20日第1张第1版。
⑦ 《减政其名焉耳》，《顺天时报》1915年8月15日第7版。

吏之夺国民之生计"①；政府一面标榜"减政主义"，一面又巧设生计会"位置冗员"②。

其五是条例的形式主义。政府虽制定出诸多实业方案，但就真正落实情况看，确如张謇批评，"内不过条例，外不过验场"③。再如紧随"京兆模范自治"而至的各种模范之声：模范军警、模范工厂、模范商店、模范农场、模范俱乐部等悉为涌现。然"模范热"背后，浮于空言者比比皆是。④莫里循感叹："这里看不见有作为的政治家气魄，没有始终如一贯的目标……一切精力都用在草拟那无尽无休的规章法令上，改革只是口头说说。"⑤

其次是动荡的外部环境的冲击。"二十一条"交涉的结束，并非意味着中日关系得到妥善解决。相反，日本围绕未竟条款，继续与中国展开新一轮的争锋。其间发生的案件主要有间岛交涉、辽西杂居事件交涉、中日长白军警冲突、张家湾设警案等。日本或强解条约，或故意延宕，牵涉有关满洲及东部内蒙古诸问题，始终未获彻底解决，使得袁政府无法获得喘息的改制环境，相反在处理条约体系等外交事务中

---

① 吴贯因：《敬告全国生计委员会》，《大中华杂志》第1卷第9期，1915年9月。
② 《平民生计会之结束》，《时事新报》1915年8月17日第2张第2版。
③ 《复周自齐函》，张謇研究中心等编：《张謇全集》第一卷（政治），江苏古籍出版社，1994年，第325页。
④ 冷：《模范》，《申报》1915年7月18日第2版。
⑤ 《致西·克里门蒂·史密斯函》，[澳]骆惠敏编《清末民初政情内幕——〈泰晤士报〉驻北京记者、袁世凯政治顾问乔·厄·莫理循书信集》（下），刘桂梁等译，知识出版社，1986年，第438页。

捉襟见肘。^①

　　再次，"帝制派"的活动，使得内政整顿的方向发生逆转。袁克定在"洪宪帝制"中扮演着极重要的角色。早于民国元年，袁克定即欲以"北京兵变"效黄袍加身故事，^②此后一直在私下活跃，"设总部于中南海里的一个岛——瀛台，在这个首都的中心接待拥护帝制的死硬派"^③。至于此间袁克定作梗的"五路大参案"与帝制运动的促成具有直接关联。1915年初，袁克定曾于汤山就国体问题会晤梁启超，未获支持性表态，遂将目光转投"交通系"头目、素有"财神"之称的梁士诒。袁克定先行拉拢了素奉行君主制主张、且与梁士诒结有宿怨的政事堂左丞杨士琦，随后唆使杨士琦借助肃政史王瑚、蔡宝善之笔，参劾"交通系"。^④袁克定既知梁士诒心有余悸，便邀其谈话，单刀直入请其支持帝制之事。梁当夜即召集交通系人员开会，并以"赞成不要脸，不赞成就不要头"相询，结果大家表示"要头"。次日，梁表示回报克定。^⑤交通系各员遂约定"不干则已，干起来则不必遮遮掩

---

① 参见高翔宇：《〈南满东蒙条约〉的签订与中日间岛交涉述论（1915—1916）——"二十一条"交涉后中日关系史上的一个侧面》，《历史教学》2014年第9期。
② 参见尚小明：《论袁世凯策划民元"北京兵变"说之不能成立》，《史学集刊》2013年第1期。
③ 中国社会科学院近代史所译：《顾维钧回忆录》（一），中华书局，1983年，第95—96页。
④ 周志俊：《粤皖系之争与帝制活动》，吴长翼编：《八十三天皇帝梦》，文史资料出版社，1983年，第226页。
⑤ 《洪宪遗闻》，张国淦：《北洋述闻》，上海书店出版社，1998年，第77—78页。

掩，一定要大权独揽，有声有色"①。梁士诒与袁克定的结合，亦与其在粤、皖两系斗争中反客为主的策略相关。粤系求以迎合之法，独任帝制运动之财政，得以重觅权力。②袁克定利用了皖、粤系矛盾，先与杨士琦结盟，迫使梁士诒就范，次使得皖粤二系在帝制目标下暂时合流。

袁克定亦利用杨度在立法院筹备中混淆视听。早在辛亥前，杨度即以君宪自命。俟共和后，杨因谋交通部职务不成，与梁士诒成仇，且颇有怀才不遇之憾。③然杨仍图谋重用之机，遂有人告以"与其谓接近项城，不如谓接近克定"④。袁克定先使杨度于日媒造成在"参政院提出变更国体建议"之舆论，⑤再将其安置宪法起草委员会，以"旧派"思想左右其间，⑥后利用其炮制《君宪救国论》，与古德诺的《共和与君主论》呼应。袁克定既收抚了原本不和的杨度、梁士诒，以杨为先锋，成立筹安会，再以梁组织的"三次国体请愿"紧随其后。尽管杨、梁矛盾并未随帝制运动的进行而消除，⑦但

① 刘厚生：《张謇传记》，上海书店出版社，1985年，第235页。
② 白蕉：《袁世凯与中华民国》，中华书局，2007年，第223页。
③ 杨度在《乙卯春致杨雪桥师书》中称："度虽有救国之心，然手无斧柯，政权兵权皆不我属……当局之用人行政亦与度不尽相同。"引自刘晴波主编：《杨度集》，湖南人民出版社，1986年，第565页。
④ 《洪宪遗闻》，张国淦：《北洋述闻》，第200页。
⑤ 《帝制谣》，《神州日报》1915年7月10日第3版。
⑥ 《宪法起草委员会之近讯》，《神州日报》1915年7月14日第4版。
⑦ 当参政院将国体问题付诸国民代表大会，"筹安会"实无用武之地，于10月13日更名"宪政协进会"，梁士诒取代杨度成为复辟帝制活动的主要人物。杨云慧：《从保皇派到秘密党员——回忆我的父亲杨度》，上海文化出版社，1987年，第62页。

接连的帝制鼓吹，迎合了袁世凯的称帝野心，使其沉醉在"民意"的声浪中，获得了重塑权威的满足与虚幻感。

遗憾的是，此间的内政改制伴随洪宪帝制的发生而宣告破产。由于袁世凯对帝制权力的急切欲望，故而未能将这场挽救危局的努力持续下去，并错失了"二十一条"交涉后中国内政厘革的一次契机。

应当认为，内政改制的奏效，尚需一段时间的沉淀。周学熙表示，内政整顿中"凡此应办之事，苟能次第进行，则中国富强并非无望"。惜"洪宪议起，大局忽变，一切悉归泡影"[1]。梁启超则认为，君主立宪万不可取，但可在总统制下推行内政改制，"今大总统能更为我国尽瘁至十年以外，而于其间整饬纪纲，培养元气……是故中国将来乱与不乱，全视乎大总统之寿命，与其御宇期内之所设施"[2]。稍后梁与英报记者谈话，"国体与政体绝不相蒙，能行宪政，则无论为君主为共和，皆可也……毋宁因现在之基础，而徐图建设理想的政体于其上"[3]。汪凤瀛表示，治今日之中国，非开明专制不可，自《新约法》颁布以来，"中央之威信日彰，政治之进行较利，财政渐归统一，各省皆极其服从，循而行之，苟无特别外患，中国犹可维持于不敝"[4]。贺振雄称："现方筹备国

① 周学熙：《周止庵先生自叙年谱》，文海出版社，1988年，第50页。
② 梁启超：《异哉所谓国体问题者》，章伯锋、李宗一主编：《北洋军阀》（二），武汉出版社，1990年，第1021页。
③ 《梁任公与英报记者之谈话》，李华兴、吴嘉勋编：《梁启超选集》，上海人民出版社，1984年，第682页。
④ 《汪凤瀛参政致筹安会杨晳子论国体书》，《大公报》1915年9月5日第4版。

会，规立法院，整饬吏治，澄肃官方……四年之间，国是已经大定。"若由袁连选连任，不十年间，"必能驾先进之欧美，称雄地球"①。

变更国体这一极端化的手段，亦使中国政治卷入翻云覆雨的漩涡。梁启超描绘了这一现象，"自辛亥八月迄今未盈四年，忽而满洲立宪，忽而五族共和，忽而临时总统，忽而正式总统，忽而制定约法，忽而修改约法，忽而召集国会，忽而解散国会，忽而内阁制，忽而总统制，忽而任期总统，忽而终身总统……大抵一制度之颁，行之平均不盈半年"②。朱峙三在日记中困惑于"局势转变如此，则人民所不及料者"③。更为关键的是，复辟帝制非但令社会矛盾日趋尖锐，且使得在内政改制中政府信任的危机愈加激化。傅熊湘以传兵符、税烟酒、制民意、改账簿为题，讽喻改行帝制社会生活之惨状。④莫里逊观察，民众积怨亦是"联合起来破坏帝制的一些力量。缺乏这类因素，鼓动家就没法煽起足以造成叛乱的情绪"⑤。严修对时局转折的分析颇为精辟，"为中国计，不改国体，存亡未可知；改则其亡愈速。为大总统计，不改

① 《贺振雄诛奸救国之原呈》，《新闻报》1915年8月20日第1张第3版。
② 梁启超：《异哉所谓国体问题者》，章伯锋、李宗一编：《北洋军阀》（二），第1025—1027页。
③ 严昌洪编：《朱峙三日记》，华中师范大学出版社，2011年，第462页。
④ 《乡谈小乐府四首》，颜建华校：《傅熊湘集》，湖南人民出版社，2010年，第76—77页。
⑤ 《约·阿·缪尔来函》，[澳] 骆惠敏编：《清末民初政情内幕》（下），刘桂梁等译，第539页。

国体而亡，犹不失为亘古惟一之伟人；改而亡，则内无以对本心，外无以对国民"①。而袁世凯堕入洪宪帝制的深渊，其"窃国大盗"之妖魔化面孔亦随之迅速建构。②

"二十一条"交涉结束直至"筹安会"成立之间的这段"被遮蔽的历史"，一百年来被尘封在史料深处。一方面，应当认为在此间的三个月里，对于民初政治史的叙述而言，与"帝制派"酝酿复辟运动的同时，还存在另一条历史主线，即因外交受挫的刺激，朝野上下为寻求救亡与厘革内政而做出了种种的努力。另一方面，如果将研究视野延展至思想史领域，可知这场由政界同人主导的挽救危局的尝试，不仅构成了"二十一条"交涉后中国政局上鲜为人知的一个侧面，更与同时期由思想界悄然兴起的"新文化运动"互为表里，两者共同构成了国人改造政治与社会思潮的多元实践。只是，由于袁世凯未能以诚相待这场内政厘革，随之洪宪帝制发生，暴露了其欺骗性的面目，这非但使得这场挽救危局的努力付之东流，更令中国的政治情形愈加败坏，以致一度陷入持久性的军阀分裂。而在这段"被发现的历史"中，虽有精彩，但充满了无奈。

---

① 王承礼辑注：《严修先生年谱》，齐鲁书社，1990年，第345页。
② 1916年《袁氏盗国记》出版，序言即以"袁世凯固今代一妖孽也……只一狭邪无赖之权诈而已"为盖棺定论之词。引自来新夏主编：《中国近代史资料丛刊·北洋军阀》（二），上海人民出版社，1993年，第5页。

《南满东蒙条约》的签订与中日间岛交涉述论（1915—1916）

1915年《南满东蒙条约》签订后，日本借口《间岛协约》与《中日新约》条款的冲突，挑起了间岛交涉的事端。中日两国遂就《间岛协约》的存废、间岛地区的法权所属、间岛韩民的入籍等问题展开了论战与博弈。日方于交涉过程中咄咄逼人，在理论上曲解条约，在实践上对中方诉诸以武力威胁。中方则于交涉之际严守条约，据理力争，并拟定各种补救之法，以期将交涉的危害降低到最小。间岛交涉的结局表明，弱势的北京政府终难逃其有限外交的命运。中日间岛交涉不是一个孤立的历史事件，联系同时期中日在东北问题的折冲以及日后间岛地区持续不断的动荡，亦可窥见"二十一条"交涉后中日关系史上的一个鲜为人知的侧面。

"间岛"是指日韩人对于中国东北境内图们江以北、海兰江以南的吉林省属延边地带，包括延吉、汪清、和龙、珲春四县的单方面称呼。[①]自晚清至20世纪30年代，间岛问题作为中、日、韩矛盾的焦点之一持续地上演。目前学术界主要集中探讨晚清中日韩的间岛交涉。民国后的间岛地区发生的中日交涉事件，鲜有学者关注。[②]笔者以1915年《南满东蒙条约》签订前后，中日两国在间岛地区围绕《间岛协约》的存废与《中日新约》的适用范围等问题的论争为考察对象，勾勒出双方在间岛法权控制、韩人入籍问题等方面的折冲，力图揭示出"二十一条"交涉后中日关系史上一个侧面。

一、新约将行，旧约当废乎：
中日关于《间岛协约》存废的论争

吉林之东南，朝鲜之西北，长白山一带的延边地区，既

---

① 王芸生编著：《六十年来中国与日本》第五卷，生活·读书·新知三联书店，1980年，第95页。
② 仅有数篇论文对此略有提及，但叙述较为简单。参见姜龙范：《中日围绕"间岛朝鲜人"领事裁判权的矛盾和对立》，《延边大学学报》2001年第1期；姜龙范等：《"日韩合并"后与间岛朝鲜人的国籍问题》，《东疆学刊》1999年第4期；姜龙范：《近代中朝日三国对间岛朝鲜人的政策研究》，延边大学博士学位论文，1999年，第211—247页；张忠绂编著：《中华民国外交史：1911—1921》中"民四约章引起之争执与悬案"一节也有涉及，华文出版社，2012年，第137—146页。

为清朝发祥之地，亦是"满韩天然之国境"①。自有清以来，中韩关于边界的交涉屡有发生。

日俄战后，中韩边界纠纷，随着日本的介入而升级。日本单方面宣称"间岛为韩国之领土，韩人不可服从清国之裁判"②。清政府经过长达三年的对日交涉，以宣统元年（1909）七月《间岛协约》的签订为代价，换取日本对于中国在间岛享有主权及对韩人的裁判管辖权的承认。一是明确了"以图们江为中、韩两国国界"，"中国政府仍准韩民在图们江垦地居住"。二是中方拥有间岛主权，"杂居区域内之垦地居住之韩民，服从中国法权，归中国地方官管辖裁判"③。1910年8月至1915年6月，因《间岛协约》的作用，间岛地区未有重大纠纷发生。④

1915年5月25日，中日在"二十一条"交涉后签订了《关于南满洲及东部内蒙古之条约》等15件，总称为《民四条约》或《中日新约》。内中规定日本国臣民：

> 在南满为盖造商、工业应用之房厂或为经营农业，得商租其需用地亩（第二条）……除须将照例所领之护

① 台湾"中研院"近代史研究所编：《清季中日韩关系史料》第十卷，1972年，第6526页。
② 王芸生编著：《六十年来中国与日本》第五卷，第108页。
③ 权赫秀编：《近代中韩关系史料选编》，世界知识出版社，2008年，第67—68页。
④ 王芸生编著：《六十年来中国与日本》第五卷，第127页。

照向地方官注册外，应服从中国警察法令及课税……民、刑诉讼，日本国臣民为被告时，归日本国领事官，又中国人民为被告时，归中国官吏审判（第五条）……关于东三省中、日现行各条约，除本约另有规定外，一概照旧实行（第八条）等。[①]

中日双方围绕新约适用范围和《间岛协约》有效性的争论，使持续六年的"间岛协约体制"被打破，中日两国再度进入对抗状态。

在《南满东蒙条约》正式实施前，中国媒体就注意到日本对于《间岛协约》的蠢蠢欲动。6月3日，《时事新报》转述了某日报的论述，《间岛协约》"一经此次中日问题解决，殆如废纸"[②]。直到7月底8月初，日报关于变更《间岛协约》的主张才引起中国官方的重视。7月30日，延吉道尹陶彬询问中央，延吉旧约是否继续有效。[③]外交部回电称"除本条约另有规定外，一概仍照旧实行"[④]。

进入9月后，中日关于《间岛协约》存废争论变得激烈起来。9月1日，驻延吉日本领事铃木接外务省电，在间岛实施

① 王铁崖编：《中外旧约章汇编》第二册，生活·读书·新知三联书店，1959年，第1101页。
② 《中日新约批准前之各方态度》，《时事新报》1915年6月3日第2版。
③ 《收延吉道尹陶彬电》，台湾"中研院"近代史研究所编：《中日关系史料·二十一条交涉（下）》，1985年，第605页。
④ 《发延吉道尹陶彬函》，台湾"中研院"近代史研究所编：《中日关系史料·二十一条交涉（下）》，第631—632页。

新约。①延吉道尹陶彬对日提出抗议并致电吉林巡按使孟宪彝，请外交部据理力争。②间岛问题遂由延吉地方转移到北京交涉。③9月10日，外交部致电日本代理公使小幡，强调了按照《中日新约》第八款《间岛协约》继续有效的正当性。④9月18日，日本馆回电中国政府关于新约第八条的理解问题，遇新旧两约抵触时，应以新约代替旧约。⑤

9月29日，中国外交部致电小幡，严申对于《间岛协约》不能废弃的立场及其理由：一是间岛旧约具有中日利益交换性质，不能作废。在旧约中中国于路矿多所迁就，日本则"承认中韩两国界线及垦地居住之韩民服从中国法权"。二是间岛具有特殊性。以旧约言之，尽管日韩合并，但间岛韩民享有在中国内地居住垦地之权，并须服从中国地方官管辖，均为其他日本国臣民所无；以新约言之，"日本国臣民在南满仅得商租地亩"，而韩民在间岛则有"领垦土地"之特权。三是中日新约的适用者以领有护照为标准。间岛上的韩民未能领有护照，不能与领有护照的日人同享新约的权利。⑥此外，

---

① 《收吉林巡按使王揖唐、特派员傅强电》：台湾"中研院"近代史研究所编，《中日关系史料·二十一条交涉（下）》，第661页。

② 《中国大事记》，《东方杂志》第十二卷第十号，1915年10月。

③ 《间岛又生一问题》，《亚细亚日报》1915年9月10日第1版。

④ 《发日本小幡代理节略》，台湾"中研院"近代史研究所编：《中日关系史料·二十一条交涉（下）》，第663页。

⑤ 《收日本馆节略》，台湾"中研院"近代史研究所编：《中日关系史料·二十一条交涉（下）》，第666—667页。

⑥ 《发日本小幡代理公使节略》，台湾"中研院"近代史研究所编：《中日关系史料·二十一条交涉（下）》，第672—673页。

中方认为日方本可根据日韩合并的情形修改旧约，然自旧约签订迄上月，日方从未提出异议。①

在外交部迭次抗议下，迟至11月12日才收到日本馆的答复。日本重述间岛旧约失效的立场，并对上述中方外交部电文一一驳斥：第一，旧约的"补偿"性质不具有永久效力；第二，新约适用于南满全部日本臣民，日韩合并后，韩民即是日民，新约遍及延吉地带的韩人"自不言待"；第三，"护照"仅是一种手续形式，并非限定适用新约之日本臣民范围的标志。②

针对中方关于中日缔结新约时日本并未对旧约提出异议之说法，日方称"缔结新约时，决不须一一详记旧约某条有效，某条无效"，终以"旧约与新约相抵触者即为无效"为原则。③

日本在《间岛协约》的存废问题上玩弄字眼、混淆是非，借此扩张自身在南满权利的动机，早为中外有关方面所洞破。《申报》评论，日方对新旧两约整理的要害之处正是将间岛旧约修正，即"对于土地，当从旧约，对于其他各事则从新

① 《中日两悬案之西人论调》，《时报》1912年10月14日，赵中孚等主编：《近代中韩关系史资料汇编》第五册，台湾"国史馆"印行，1988年，第276页。
② 《收日本馆节略》，台湾"中研院"近代史研究所编：《中日关系史料·二十一条交涉（下）》，第738—739页。
③ 《间岛法权问题》，季啸风、沈友益主编：《中华民国史史料外编——前日本末次研究所情报资料》第二册，广西师范大学出版社，1996年，第679页。

约"①。《中法汇报》指出，日本颇有趁《中日新约》签订以及各国忙于欧战这一最适宜之时机，"得执远东之牛耳耳"之意味。②

对于日方顽固的态度，中方及舆论尝试新的解决方法。一是有人提议应从划界着手解决争议。③二是有人以扎实的历史证据论证《间岛协约》的有效性。11月19日，《大公报》刊登了考证文章《图们江界碑志考》，④《东方杂志》刊登了《间岛交涉之旧历史》以及《图们江界碑之历史》两篇考证长文。⑤三是有人主张注重以"事实"解决间岛问题：首先，中国在旧约中"以土地所有权条件许韩人……易得韩人服从吾国法权"；其次，日韩合并后，日本仍"任令韩人在间岛服从吾国法律"；再次，在华外人唯独"韩人须服从中国法权"。综上三点均为"事实问题，而非法理问题"，法理问题可为日本"曲为解释"，然事实"决不能抹煞"⑥。

中方高度重视间岛的主权意义。邵飘萍认为，间岛虽小，然前清办理交涉的教训恰在于不知寸土必争而致失边境愈

---

① 化险：《新约履行时之满蒙观（四）：延吉问题与新约》，《申报》1915年9月16日第6版。

② 《译十月十五日中法汇报》，台湾"中研院"近代史研究所编：《中日关系史料·一般交涉（下）·民国元年至五年》，第869页。

③ 《藏事会议与间岛问题》，《申报》1915年9月27日第6版。

④ 《图们江界碑志考》，《大公报》1915年11月19日第9版。

⑤ 《间岛交涉之旧历史》《图们江界碑之旧历史》，《东方杂志》第十三卷第二号，1916年2月。

⑥ 《间岛法权问题》，季啸风、沈友益主编：《中华民国史史料外编——前日本末次研究所情报资料》第二册，第679—680页。

多。①若放弃间岛一地，"凡举东三省何处不可强占？推之二十二行省，又何处不可强占？"故"争间岛即所以保全国"②。

自觉运用国际法，是中方在《间岛协约》存废论战中的理论依据。有论者谓，中日新约为"一般条约"，而间岛协约为"特别条约"。依国际法规则，"岂有以一般条约之实施，而废特别条约之效力者乎？"③中方可"以子之矛，攻子之盾"。若如日人言，新旧约抵触者无效，"南满铁路界线及商埠各约，亦均与新约冲突，均应取消"④，"号称文明国"之日本，此次交涉未走"修正手续"的正当途径，若移交"第三国公断"，其名誉必将折损，且为"世界所恶"⑤。

二、强权与公理的对抗：
间岛法权问题上中日冲突的白热化

在中日口头论战的同时，日本采取了单方面行动，欲凭借武力说话，即在间岛地区单方面执行法权的行动，以期增加其在间岛交涉中谈判的筹码。

---

① 飘萍：《关于间岛问题之过去现在》，《申报》1915年9月26日第3版。
② 《间岛交涉之旧历史》，《东方杂志》第十三卷第二号，1916年2月。
③ 《最近间岛交涉之原委》，季啸风、沈友益主编：《中华民国史史料外编——前日本末次研究所情报资料》第二册，第678页。
④ 《北京电》，《申报》1915年10月2日第2版。
⑤ 《间岛问题之主张》，《申报》1915年12月25日第6版。

　　日韩合并后，清政府令韩人不愿意归附日本者可"请入中国籍"①，按《间岛协约》规定，领垦土地置备家屋，受中方法权裁判。然而自1915年8月26日，日本领事馆开始私自捕获"私贩垦民"，9月3日"已受理韩民诉讼"，并"派差赴乡传案"②，9月9日提出引渡"埠外韩民案犯"③。日本出格的行动造成韩人同时受制于中日法权管辖的"两头政治奇观"④。因日本领事对韩民诉讼案件的强力干涉，使"中国之审判厅，半月以来遂绝无韩民来打官司"⑤。截至9月26日，日领私受韩民诉讼案已达"七十余件"⑥。

　　9月29日，延吉道尹陶彬在《请力争图们江界约继续有效说帖》指出，旧约的存废与间岛地区的土地所有权、领事裁判权以及地方行政权之间存在着密不可分的联系。"法权改属"则使间岛地区极有可能陷入"有土地而无主权"的局面。⑦10月2日，曹汝霖会晤小幡之时，对日本领事提出严正

---

① 《韩人请入中国籍》，《华字日报》1911年8月21日，赵中孚等主编：《近代中韩关系史资料汇编》第一册，第529页。

② 《收吉林特派员傅强电》《收延吉道尹陶彬电》，台湾"中研院"近代史研究所编：《中日关系史料·二十一条交涉（下）》，第662页。

③ 《收吉林特派员傅强电》，台湾"中研院"近代史研究所编：《中日关系史料·二十一条交涉（下）》，第664页。

④ 《新约施行后之中日观》，《申报》1915年9月11日第6版。

⑤ 《延吉交涉之一斑》，《时报》1913年9月18日，赵中孚等主编：《近代中韩关系史资料汇编》第五册，第272页。

⑥ 飘萍：《关于间岛问题之过去将来》，《申报》1915年9月26日第3版。

⑦ 《收吉林巡按使王揖唐咨陈》，台湾"中研院"近代史研究所编：《中日关系史料·二十一条交涉（下）》，第674页。

抗议。①同时，外交部指示延吉地方，"管理韩人之事仍旧执行"，不必"顾忌日领事之抗议"②。

日本对中方的意见置若罔闻。居留延吉的日侨在日领的庇护下，"居然履行其新约中之居住、营业、旅行之自由"③。10月9日，小幡谓曹汝霖，"延吉地方官有妨害日本法权之举"，若中方再固执己见，日方将"诉之实力"，以期"防护条约上之权利"④。日报《满洲日日新闻》发表关于"中国官宪蹂躏我法权"的颠倒黑白之言论，"早知空谈交涉之无益，只有藉强力以行使我法权"⑤。

日本此等指鹿为马的做法，实令各界对于日本外交抱有一种异感。在中方看来，强盗行径有过之而无不及，"犹私取他人财物，继又自行申辩"⑥。西媒也强烈谴责日本"以武力赞助其要求"的做法，主张间岛交涉"所关法律之点"，应尽可能"由平常外交方法解决"⑦，不应"由强者一面专

① 《次长曹汝霖会晤日本小幡代使问答》，台湾"中研院"近代史研究所编：《中日关系史料·二十一条交涉（下）》，第681—682页。
② 《间岛问题之日本态度》，《时报》1915年10月2日，赵中孚等主编：《近代中韩关系史资料汇编》第五册，第274页。
③ 化险：《新约履行时之满蒙观（六）》，《申报》1915年9月30日第6版。
④ 《次长曹汝霖会晤日本小幡代使问答》，台湾"中研院"近代史研究所编：《中日关系史料·二十一条交涉（下）》，第712页。
⑤ 化险：《新约履行时之满蒙观（十一）：间岛问题愈呈险象》，《申报》1915年10月21日第6版。
⑥ 飘萍：《关于间岛问题之过去将来》，《申报》1915年9月26日第3版。
⑦ 《中日两悬案之西人论调》，《时报》1915年10月14日，赵中孚等主编：《近代中韩关系史资料汇编》第五册，第277页。

断从事也"[1]。

　　日本在声张使用武力以恫吓中国的同时，还采取煽动舆论的手段，企图为其在间岛设立法权机关提供合理性掩护。《满洲日日新闻》报道，10月3日上午，"间岛和龙知事署突有携带武器之人数名闯入"，系"该知事对于韩民施行苛待"使然。[2]日本编造的有关中方官吏迫害韩民家族的说辞铺天盖地，使恐慌情绪在间岛迅速蔓延。[3]和龙、六道沟等处韩民，面见延吉道尹声泪俱下，恳请保护。[4]

　　日领胡搅蛮缠的行为也使间岛韩民中出现了"归依中国"与"附庸日本"两派分裂对峙的局面。"归中"一派对日本日趋反感：11月1日《申报》称，"近来韩人向日领起诉者减少"，实因日本践踏条约无诚信之故。[5]"附日"一派则日趋猖獗：我方预警拟逮捕"私自烧酒"的韩籍垦民朴元汝，而朴姓扬言"有日领馆与我等作主"，竟将我方预警"群向围打"，并将其冠以"马贼"之名移交日领馆。[6]日领对于前来

① 《间岛问题之西人论调》，《时报》1915年11月6日，赵中孚等主编：《近代中韩关系史资料汇编》第五册，第283页。
② 《中日两悬案之西人论调》，《时报》1915年10月14日，赵中孚等主编：《近代中韩关系史资料汇编》第五册，第277页。
③ 《间岛问题之种种》，《亚细亚日报》1915年10月6日第4版。
④ 《收吉林巡按使王揖唐、吉林特派员傅强电》，台湾"中研院"近代史研究所编：《中日关系史料·二十一条交涉（下）》，第731页。
⑤ 化险：《新约履行时之满蒙观（十三）：德惠之日警与延吉之法权机关》，《申报》1915年11月1日第6版。
⑥ 《收吉林巡按使王揖唐咨陈》，台湾"中研院"近代史研究所编：《中日关系史料·二十一条交涉（下）》，第753页。

诉讼之韩民，"不论是非曲直，凡系原告即得胜诉"。获胜诉之韩民"由我国警局门前耀武扬威而过"，而被告则不得不忍气吞声，绕道而走，日领以此为对比，"以示我国无可奈何之意"①。

三、亡羊补牢的受阻：中日关于韩人入籍问题的博弈

中方认识到，若任由日本执行法权，"长此以往，延边一带无异为彼领土"②，随着间岛交涉的棘手，如何亡羊补牢，成为公共舆论讨论的话题。

11月21日，王揖唐电陈外交部，旧约难以坚守，应以间岛韩民入中国籍"为第一要义"，以备旧约废除后，"垦民既得之土地所有权，可无事纷更"。韩民为保其土地所有权，"势必联袂偕来，愿依宇下"③。若我方"多设警察，俾资保护"，定可使韩民"不致为日人所诱"④。1916年1月20日，王揖唐又上书内务部，催其批准被久搁的韩民金禹钟等五百

---

① 《间岛拘引韩人之真相》，《时报》1916年1月3日，赵中孚等主编：《近代中韩关系史资料汇编》第五册，第289页。
② 《收吉林巡按使王揖唐咨陈》，台湾"中研院"近代史研究所编：《中日关系史料·二十一条交涉（下）》，第754页。
③ 《收吉林巡按使王揖唐咨陈》，台湾"中研院"近代史研究所编：《中日关系史料·二十一条交涉（下）》，第771页。
④ 《魏尧原折》，台湾"中研院"近代史研究所编：《中日关系史料·二十一条交涉（下）》，第774页。

余人入籍之请求，以避免先前被"无端逮捕等情"再度发生。①2月22日，王揖唐再称，"多一入籍之韩民，即少一土地之纠葛，而早一日手续之完成，即纾一日纠纷之险象"，此关乎东省主权。②4月22、24日，延吉道尹陶彬先后致电外交部，称日方"认可入籍一层似尚有磋商余地"③。6月24日，吉林巡按使郭宗熙恳请内务、外交两部速"将韩民入籍问题依据两国国籍法详细讨论"，以阻日本之阴谋，"弭将来之隐患"④。

然而日本在韩民入籍的问题上百般阻扰。早于1915年10月11日，《满洲日日新闻》称归化中国的两千余名间岛韩民未曾根据完全国籍法，"其归化之效力何如，至为可疑"⑤。1916年4月19日，小幡对曹汝霖表示，"照中国国籍法，必归化者丧失其本国之国籍，始取得中国之国籍，日本之归化法亦然"，而日本国籍法尚未实行至朝鲜，韩人即未脱离原有国籍，故日本对韩民入籍之合法性不能予以承认。⑥6月24日，

① 《吉林巡按使原咨》，台湾"中研院"近代史研究所编：《中日关系史料·二十一条交涉（下）》，第819—822页。
② 《收吉林巡按使王揖唐咨陈》，台湾"中研院"近代史研究所编：《中日关系史料·二十一条交涉（下）》，第823页。
③ 《收延吉道尹陶彬电》，台湾"中研院"近代史研究所编：《中日关系史料·二十一条交涉（下）》，第861页。
④ 《收吉林巡按使郭宗熙咨陈》，台湾"中研院"近代史研究所编：《中日关系史料·二十一条交涉（下）》，第875页。
⑤ 《译十月十一日满洲日日新闻》，台湾"中研院"近代史研究所编：《中日关系史料·一般交涉（下）·民国元年至五年》，第859页。
⑥ 《次长曹汝霖会晤日本馆小幡参事问答》，台湾"中研院"近代史研究所编：《中日关系史料·二十一条交涉（下）》，第845页。

日本发出照会声明，中方须"从速中止"并取缔业已发给韩人之归化证书。①

面对日方对于中国国籍法的曲解，中方进行了有力批驳。第一，从中国国籍法的角度论证间岛韩民符合归化中国的法定条件及手续。为防止双重国籍之冲突，中方设有特殊条目，"若因归化而取得中国国籍，一方即应丧失其本国国籍，以免因一人而有两国国籍"而起冲突。第二，从日本国籍法的角度证明韩人入籍中国的有效性。日本国籍法载有"依自己志望而取得外国国籍者，即丧失日本国籍"之明文，日韩合并后，"朝鲜人即为日本人民，当然适用日本国籍法，而朝鲜人之归化中国，既经取得中国国籍……当然丧失日本国籍"。第三，果如日人所言，"朝鲜未经施行日本国籍法"，又何谈"丧失日本国籍之根据?"第四，通过对比韩人入俄国籍之情形，可收驳倒日方立论之功效。1894年至1909年间，韩民入俄国籍者，"已不下十万人"，而日本未曾于此表示异议。②

日本面对中方有理有据的分析，哑口无言，再度打出武力牌，企图强迫中方屈服。1916年6月19日，百草沟日领分馆强行要求将该地违法"打吗啡"的垦地韩民引渡，并强谓间岛旧约善后条件系中国单方记录。③8月11日吉林省公署报

---

① 《收吉林巡按使郭宗熙咨陈》，台湾"中研院"近代史研究所编：《中日关系史料·二十一条交涉（下）》，第875页。
② 《收内务部咨》，台湾"中研院"近代史研究所编：《中日关系史料·二十一条交涉（下）》，第919—920页。
③ 《延吉道尹陶彬详吉林巡按使文》，台湾"中研院"近代史研究所编：《中日关系史料·二十一条交涉（下）》，第911页。

告，珲春县有居住在中国三十多年并领有内务部归化执照的入籍韩民洪秉律被日人挈捕。①而日本反严斥道，"中国政府轻视本国政府意见……本国政府仍视该朝鲜人等为本国臣民，将来情形益见复杂，因之两国邦交发生不良结果"，皆由中方自行负责。②12月26日，司法部致函外交部，日人于延吉一带"恶索引渡韩民入籍之嫌疑犯，侵害法权"，已成难于收拾之局势。③

日人除了强行阻挠韩人入籍外，一方面继续玩弄编织舆论的手法，以延吉县公署"发布告催领执照"为口实，称韩民归化是受"中国地方官之劝诱"④。另一方面，日人还采取了怀柔的方针，一是通过奴化教育笼络间岛韩民附日。1917年3月《大公报》报道了延吉日人的教育情形，即日本免韩人学费，"书籍用日文，讲演用日语"，日本对间岛韩民发挥同化主义，使不少无知韩民"颇形踊跃"求学于日置教育机关。⑤二是通过"召集韩民会议演说"，怂恿"好众生事"之韩民不受我国审判。不少在中方法庭败诉之韩民，掀起了

① 《吉林省公署发内务部密咨文》，台湾"中研院"近代史研究所编：《中日关系史料·二十一条交涉（下）》，第917页。
② 《收日本公使照会》，台湾"中研院"近代史研究所编：《中日关系史料·二十一条交涉（下）》，第918页。
③ 《收司法部函》，台湾"中研院"近代史研究所编：《中日关系史料·二十一条交涉（下）》，第962页。
④ 《收内务部咨》，台湾"中研院"近代史研究所编：《中日关系史料·二十一条交涉（下）》，第920页。
⑤ 《延吉教育近况》，《大公报》1917年3月14日第9版。

"请求雪冤"之风潮。①日本诸类行为使中方在间岛韩民入籍
问题上陷入了困境。

可见，日人在间岛问题上挑起的诸多争端有着贯通一
致的内在关联性：日方"先挟一图们江旧约无效之见"，继
而"扩张领事裁判权范围"，随后反对"延边韩民入籍"②。
而"弱国无外交"的现实，注定了中国在对外折冲中的无
奈结局。

四、有限的抗争：弱势政府的外交结局

伴随着中日在间岛地区博弈的是，欧战的压力和袁世凯
帝制活动的进行。1915年6月以后，北京政府尚未从日本的压
力下喘过气来，接踵而来的便是各国动员其参加欧战的提议。
继之，袁世凯被帝制风说鼓动，使中国分裂成了"帝制派"
与"反帝制"的对垒格局。而袁世凯的去世，又使中国重新
陷入到一片无政府的混乱状态。③1915—1916年间，多事之秋
的中国局势表明，北京政府是一个弱势政府。而其脆弱性，

---

① 《收司法部函》，台湾"中研院"近代史研究所编：《中日关系史料·二十一
条交涉（下）》，第962—963页。
② 《收内务部咨》，台湾"中研院"近代史研究所编：《中日关系史料·二十一
条交涉（下）》，第920页。
③ ［澳］骆惠敏编：《清末民初政情内幕——〈泰晤士报〉驻北京记者、袁世凯
政治顾问乔·厄·莫理循书信集》（下），刘桂梁等译，知识出版社，1986
年，第487、489、492、501页。

决定了其在对外交涉的过程中，仅是一种有限的抗争。

  首先看间岛交涉中的中央与地方的关系。两者在表面互相配合与声援的背后，实质是互相推诿责任。1915年9月，间岛交涉发生后，延吉道尹与日领铃木再三交涉"终无效力"，便不断急电外交部，催促中央赶紧指示交涉办法。[①]然中央政府面对小幡毫无通融的态度，便开始考虑如何对日政府妥协，并逐步将责任推给地方。10月5日，外交部拟定"以新约实行前之垦居韩民，仍照旧约办理，此后韩民如照新约杂居，即照新约办理"，并指示吉林地方自行与日领协商。[②]10月8日，王揖唐表示地方力量有限，请"统筹全局"之外交部主持较为圆活的交涉。[③]然而，10月15日，外交部却复王揖唐，在日使未答复前，"由部提出与商"似有不妥，"惟有由地方作为调停办法"，并命令称，"内外同一困难，责任岂容推诿"[④]，故皮球再度落在了地方的脚下。11月3日，王揖唐又报告，吉林方面"均以听候中央解决为词"，且日领"启口辄以一惟政府命令相诿"，实令地方深感"交涉将益棘手"[⑤]。当日外交

---

① 《收吉林巡按使王揖唐、特派员傅强电》，台湾"中研院"近代史研究所编：《中日关系史料·二十一条交涉（下）》，第685页。
② 《发吉林巡按使王揖唐、特派员傅强电》，台湾"中研院"近代史研究所编：《中日关系史料·二十一条交涉（下）》，第690页。
③ 《发吉林巡按使王揖唐、特派员傅强电》，台湾"中研院"近代史研究所编：《中日关系史料·二十一条交涉（下）》，第711页。
④ 《发吉林巡按使王揖唐密函》，台湾"中研院"近代史研究所编：《中日关系史料·二十一条交涉（下）》，第720页。
⑤ 《收吉林巡按使王揖唐、特派员傅强电》，台湾"中研院"近代史研究所编：《中日关系史料·二十一条交涉（下）》，第731页。

部回电，坚持"由地方迅为调停，以期解决，免酿枝节"的立场。故吉林地方希冀中央承担交涉之愿望再度破灭。11月14日，延吉地方迫于中央的压力，只得自行打通与日领协商的道路。延吉道尹提出三项"临时办法"：一是"从前曾请入籍韩民约三千，认为有效"，二是"间岛现有韩民，此后如照我国籍条例请愿入籍者，日本不加干涉"，三是"韩民与韩民土地诉讼应共审"①。然日领称："第一、第二两端，事关户籍，难以遽行。至于第三端……于必要时，可以商请华官莅庭"②。

再说地方之间的互不合作。在交涉中，不仅中央和地方步调不一致，地方之间亦有不和谐的音符。早在1915年7月29日，间岛冲突激化前，即有有识之士提出将延吉四县划出南满地带的意见。③然而在8月初中央主持的关于南满区域界线的讨论中，吉林方面竟有将延吉四县纳入南满范围的主张，④这为后来日本提出《间岛协约》作废时坚持"间岛为满洲之一部"留下口实。⑤12月10日奉天巡按使段芝贵报告，在同时期发生的辽西交涉案中，日本学者欲将"在历史、地理

① 《收吉林巡按使王揖唐、特派员傅强电》，台湾"中研院"近代史研究所编：《中日关系史料·二十一条交涉（下）》，第740页。
② 张忠绂编著：《中华民国外交史：1911—1921》，第140页。
③ 《中日满蒙条约善后会议第十二次议决案》，台湾"中研院"近代史研究所编：《中日关系史料·二十一条交涉（下）》，第604页。
④ 《发延吉道尹陶彬函》，台湾"中研院"近代史研究所编：《中日关系史料·二十一条交涉（下）》，第631页。
⑤ 《间岛法权问题》，季啸风、沈友益主编：《中华民国史史料外编——前日本末次研究所情报资料》第二册，第679页。

成案上，与满洲绝无关系"的辽西地区强行纳入实行新约的南满区域范围。中方可以放弃延吉旧约为条件，换取日本承认辽西为非南满区域。他认为，延吉四县于国防意义关系甚小，而"辽西则京师之屏障……其利害与国家全局之关系，较之间岛一隅，实不可以道里计"①。奉天、吉林两省本为唇亡齿寒之关系，而奉天方面为保全自身利益，公然提请放弃吉林方面的领土权利。此种互不合作与地方狭隘的明哲保身思想，使中方在间岛交涉中的力量大为削弱。

复次，"保全主义"的外交思想也构成了中方在间岛交涉中的重要制约因素。1915年10月15日，中央发给吉林地方的报告中指示，即使让步，亦要以"为中央留下一余地"为原则。1916年4月13日，王揖唐上呈外交部"韩民入籍"之策，称我方至少"尚不致政权与法权并失"②，仍可收保全领土之效。11月25日，中方拟定"以承认韩民入籍为最后之让步"的交涉底线。③在整个间岛交涉中，中方外交所持有的一个重要原则即是"保全颜面"，加之以适当的补救之术，以为日后寻图转机留下空间。此等"保全主义"亦为西方媒体洞察：中方"许日人在满大张势力，断送权利甚多，间岛

① 《收奉天巡按使段芝贵咨陈》，台湾"中研院"近代史研究所编：《中日关系史料·二十一条交涉（下）》，第755—756页。
② 《收吉林巡按使王揖唐咨陈》，台湾"中研院"近代史研究所编：《中日关系史料·二十一条交涉（下）》，第860页。
③ 《发吉林省长郭宗熙密咨》，台湾"中研院"近代史研究所编：《中日关系史料·二十一条交涉（下）》，第948页。

主权亦于彼时轻轻送去",其"以保全面子为惯技,如人体然,除颜面以外,其他较重要部分摧残断丧,皆所不惜也"①。此外,亦有批评者认为,北京政府于间岛问题上总是"空言应付",口口声声扬言抗议云云,而在实际交涉中则"惟听客所为",放任日方横行无忌。②实际上,以上种种固然构成了中国在间岛交涉中失败的因素。然内中的要害,实为中方人士自明,即日方能有勇气挑起间岛争端,根本原因在于"吾国势之中微"③。

这里需要特别探讨的是,发生于1915年下半年的中日间岛交涉与当时中国正在进行的帝制运动之间究竟存在着怎样的关联性。"二十一条"交涉后,袁世凯为自己"把事情搞得一团糟而在苦恼,指望能用某种戏剧性的事情来挽回他的威信"④,但帝制运动却使其走向了身败名裂的深渊。故发生于袁世凯称帝期间的间岛交涉,自然让中外人士皆联想到,袁世凯大有为争取日本承认帝制而做出让步之嫌疑。西方观察者谴责中国当局,一是批评中央对于地方的抗议默然视之。"吉林当局保护国家之权利,显然不遗余力,而中央反淡漠置之……以至间岛今已渐渐趋入日本手中矣"。二是批评中央方

① 《间岛问题之西人论调》,《时报》1915年11月6日,赵中孚等主编:《近代中韩关系史资料汇编》第二册,第284页。
② 《收内务部咨》,台湾"中研院"近代史研究所编:《中日关系史料·二十一条交涉(下)》,第917页。
③ 化险:《新约履行时之满蒙观(十一):间岛问题愈呈险象》,《申报》1915年10月21日第6版。
④ [澳]骆惠敏编:《清末民初政情内幕》(下),刘桂梁等译,第487页。

面没能发挥舆论对于日本的牵制作用。对比日本驻北京报纸通信员"掷巨大之金钱"收买媒体，"中国报纸则以关于间岛事情消息不灵，故未尝严重对付"，"余见中国报纸辩护中国意见者，只有一报耳"。三是批评中国当局整日沉醉于帝制之进行，耽误了间岛交涉事宜。"今日在共和国体下之政界中人……但求帝制进行，其他一切重要事项皆所勿计"。四是认为中方在间岛问题上的不断让步，与换取日本承认中国帝制无不关系。此际之中国"聪明才力悉用于使人恍惚觉中国实需要一皇帝，于此之时正急需日本帮忙……彼政界人物又安肯与日本争此满洲一片土著"，惟有牺牲"国家权利耳"。眼见"日本势力继长增高……间岛主权之移换灼然可见"，而满洲悲剧的即将发生，全系华人咎由自取。①1915年10月14日《申报》上亦有作者提醒"国体问题而外之外交问题"，应当高度注意"内外利益交换之风说"，以防政府将国权出卖日本，"以为酬酢之品物"②。11月6日，《申报》的"时评"一栏再度点明，中日间岛交涉的实质"不外交换其所欲而已矣"，具体而言，"中国所欲者，帝制；日本所欲者，权利也。总之，皆非我人之所欲者而已矣"③。

西报与中媒对于间岛交涉与帝制运动之关联的风说，毕竟是一种猜想。笔者认为，间岛交涉中，中方虽有种种让步

① 《间岛问题之西人论调》，《时报》1915年11月6日，赵中孚等主编：《近代中韩关系史资料汇编》第二册，第281—284页。
② 《最近发生之二大交涉（一）》，《申报》1915年10月13日第3版。
③ 《再论中日交涉》，《申报》1915年11月6日第2版。

的姿态，然与其欲借间岛之让步换取日本对于中国帝制的承认一节，无甚关联。假使我们认可中方在间岛交涉过程的妥让与争取日本承认中国帝制有内在一致性的话，那么，分析日本反对中国帝制的理由以及日本侵略间岛的目的，便成了理解该问题的关键：

第一，日本担心中国因实行帝制而造成的内乱会波及日本，给东亚带来局势的混乱。1915年10月26日，法文北京新闻观察，"中国采用何种政体，与日本无甚关系"。日本所关心的是"惟求维持在华之经济利益耳"。中国变更国体，"苟无革命发生，日本政府必不干涉，静观其成也"①。大隈重信与陆宗舆谈话中称："中国民主君主，本非日本所问，惟万勿因此致乱，有妨邻国商务。"②由此可见，日本对中国帝制干涉的考虑与其压迫中国政府于间岛交涉中让利，并无直接关系。

第二，日本在间岛地区挑起种种冲突，是欲以间岛问题为契机，借以实现其"二十一条"交涉期间未竟之野心。日本实不满中日新约中中国方面对其关于"南满"区域的界定，不时表现出种种扩张新约、逾越界限的尝试。日本对间岛地区条约的蔑视与法权的践踏，就实质而言，是对"二十一条"交涉行动的继承，是于"逐渐养成强国实力"后，"在大陆运

---

① 《译十月二十六日法文北京新闻》，台湾"中研院"近代史研究所编：《中日关系史料·一般交涉（下）·民国元年至五年》，第880页。
② 王芸生编著：《六十年来中国与日本》第七卷，第2页。

动中的一大跃进"，其大有"一气呵成之嫌"①。

五、"二十一条"交涉后
中日关系史上鲜为人知的一个侧面

　　按照传统史学的建构，"二十一条"交涉结束后，中国便开始了帝制的历程。此间的中日关系，亦常为历史书写者叙述为：日本对中国帝制的态度历经了从暗中支持到态度暧昧再到严加干涉的转变，而中国为争取日本对帝制的承认，做出了种种妥协与卖国之举动。目前编纂的"中华民国外交史"系列著作及资料集，无不依照上述思路撰写。然而，"二十一条"交涉后，中日关系史上除国体问题的交涉外，还有另一条主线，即中日于东北地区围绕《中日新约》的较量：日本欲借新约签订之际，扩大其在满蒙权利，以实现其在"二十一条"交涉中未竟之野心；而中方力图补救中日新约的负面影响，与日本反复地抗议和斗争，以期维护国家的统一——这一事实，确为历史书写者遮蔽了。事实上，间岛交涉等事件，构成了"二十一条"交涉后中日关系史上除关于帝制问题交涉之外的另一个侧面。

　　笔者于此可简略述及《南满东蒙条约》实施后，中日关于东北问题交涉的种种面相。一是关于南满区域问题的争论。

①　东亚同文会编：《对华回忆录》，商务印书馆，1959年，第167页。

《民四条约》订立后，中方预料南满区域问题必将引起日后纠纷，遂酌定先行划定，然日方并无意遵守。①二是关于辽西杂居事件的交涉。根据历史考证，辽西不属于满洲范围，②然而日人贸然前往锦县杂居，以至"杂居之日人与我国学生冲突"③。三是中日长白军警冲突。日本借机要求"将朝鲜境内电线直达长白"④。四是日本借口保护日侨的张家湾设警案。⑤五是郑家屯事件。1916年8月13日，在辽源县郑家屯地区，"辽源廿八师骑兵与该处日本守备队，因口角误会，致起冲突"⑥，日本遂提出"必要之地点，派驻日本警察官，南满洲中国官宪并增聘日本人为警察顾问"等八项要求。⑦

上述中日交涉案件，就国际背景而言，日本在东北地区之扩张，是为"各国在华均等贸易门户之锁闭"⑧。就日本对华政策而言，"均为民四条约及换文引起"，日本不仅对于条约权利意在无限扩张，而且企图将"二十一条"未竟之警察

---

① 张忠绂编著：《中华民国外交史：1911—1921》，第138页。
② 《南满区域考》，台湾"中研院"近代史研究所编：《中日关系史料·二十一条交涉（上）》，第459页。
③ 《北京电》，《申报》1915年11月27日第2版。
④ 《中国大事记》，《东方杂志》第十二卷第十二号，1915年12月。
⑤ 《张家湾设立日警案》，《申报》1915年10月28日第6版。
⑥ 《奉天都军张作霖致北京政府电文》，程道德等编：《中华民国外交史资料选编（一）：1911—1919》，北京大学出版社，1988年，第264页。
⑦ 《外交部与日本公使日置益关于郑家屯交涉来往文件》，中国第二历史档案馆编：《中华民国史档案资料汇编（第三辑）·外交》，江苏古籍出版社，1991年，第106—107页。
⑧ 《日本扩张经济势力之外人观念》，《时报》1915年8月15日，赵中孚等主编：《近代中韩关系史资料汇编》第五册，第267页。

权等项逐一攫取。但因日本"强解条约，或故意延宕"[①]，致使两国关于上述问题迟迟"未得圆满解决"[②]。

就间岛交涉本身而言，"二十一条"交涉后直至20世纪30年代初期，中日两国关于间岛问题的冲突仍旧持续不断地上演。其中牵扯的"有关满洲及东部内蒙古诸问题，始终不上不下，未获彻底解决，一直拖延到九一八事变"[③]。种种问题的内外纠缠，使间岛地区中韩两国人民于中日纷争夹缝中痛苦与艰难地生存着。

综上所论，1915年《南满东蒙条约》签订后，日本借口《间岛协约》与《中日新约》条款的冲突，挑起了间岛交涉事端。中日两国遂就《间岛协约》的存废、间岛地区的法权所属、间岛韩民的入籍等问题展开了论战与博弈。在《间岛协约》的存废问题上，日本方面曲解条约，一是主张间岛为南满区域所属，自然应适用中日新约条款中之权利，二是声称间岛旧约与中日新约中冲突之部分，应自行抵消。中方以信守条约的方针：一是坚持间岛为特殊区域，不为新约条款所抵触之立场；二是本着中日新约中关于旧约继续有效的精神，力图维持间岛旧约的有效性。与两国关于旧约存废问题论战的同时，日方单方面采取在间岛地区设立法权机关的行动，企图以武力做后盾，增加谈判中的砝码，迫使中方让步。中

① 张忠绂编著：《中华民国外交史：1911—1921》，第145页。
② 许指严编：《民国十周年纪事本末》上册，文海出版社，1981年，第314页。
③ 东亚同文会编：《对华回忆录》，第167页。

方虽对日本侵犯间岛法权的行径进行了种种抗议，但弱势政府的外交终究苍白无力。中方遂想以放弃间岛旧约之有效性为条件，换取日方对韩民入籍一案的承认，以期收间岛法权问题上亡羊补牢之效。而联系同时期中日在东北问题的折冲以及日后间岛地区持续不断的动荡，可知中日间岛交涉不是一个孤立的历史事件。若将其置于大的历史视野下分析与观察，可得如下几点思考：

其一，1915年下半年中日间岛交涉等一系列事件的发生表明，在"二十一条"结束后的中日关系中，除两国关于国体问题——帝制运动的交涉外，中日关系史上还有另一条可兹叙述的线索，即中日之间围绕《民四条约》之约章，进行了种种艰难的交涉与博弈，这一线索尤当为研究者注意。

其二，间岛交涉中间的中方"没有结局的结局"表明，弱势的北京政府终难逃其有限外交的命运。将其视之以"保全颜面""卖国求荣"的简单定性恐失妥当。

其三，"二十一条"交涉的结束并不是中日两国就此休战的标志，此后双方因对待新约问题的不同意见，遂酿成了种种之悬案与冲突。而这一切构成了九一八事变前夕中日关系的种种不安定的因素。

其四，朝鲜韩人在中日"间岛问题"的纷争中历经艰难困苦。日方打着"保护"间岛韩民的口号，而行迫害韩民之事实。韩人作为中日关系折冲中间的受害者，为夹缝中生存的阴霾所笼罩。

十余年后，九一八事变的爆发，既为日本侵华既定政策之必然结果，亦为中日之间于东北地区矛盾积累至激化之使然。①

① 岑学吕编：《三水梁燕孙（士诒）先生年谱》载：《民四条约》订立后，"关于南满东蒙农工业各点……日人多方设法，迄少成效，遂成九一八事件导火线之一焉"。文海出版社，1972年，第264页。

近代社团与中外关系史研究

寰球中国学生会早期史事考述
（1905—1919）

　　1905 年成立于上海的寰球中国学生会，举办的活动包括开办日校及夜校、邀请名流演讲、接洽留学生深造等内容，其在促进社会教育、中西文化互动、留学教育等方面发挥了重要作用。通过考察寰球中国学生会的早期史事，今人亦可窥见其在清末民初公共空间领域中的思想史意义。

寰球中国学生会（The World Christian Students' Federation）系李登辉在上海创办的民间学生社团组织，成立于1905年7月。该会在近代中国社会教育、中西文化交流、留学教育等方面扮演着重要角色。其活动主要包括办理日校、夜校，邀请名流讲演，接洽留学生出国等内容。长期以来学术界对于该社团的研究并不多，论述较为简单，且主要集中于其在"五四"以后的活动，至于寰球中国学生会的早期历史则鲜有学者关注。[①]笔者拟在梳理寰球中国学生会早期史事的基础上，进而探讨其在清末民初"公共空间"领域存在的思想史意义。

一、办学：社会教育之推广

在寰球中国学生会成立之始即有"改良中国之教育方法"[②]及以"学"为"国之利器"[③]之宣言。1906年2月，寰球中国学生会附属小学堂设立，"兼授中西各科学，为将来进本国、外国高等学校之预备，每日以上午三小时授英文课，下

---

① 参见任秋敏：《寰球中国学生会与中国近代留学教育》，华中师范大学硕士学位论文，2011年；陈竞蓉：《对寰球中国学生会的考察与分析》，《内蒙古师范大学学报》（教育科学版）2009年第9期；黄建君、金建陵：《论近现代转型时期的寰球中国学生会》，《江苏教育学院学报》（社会科学版）2003年第2期。
② 《组织寰球中国学生会之发起大意》，《申报》1905年7月1日第4版。
③ 弢客：《学界刍言》，《寰球中国学生报》1906年第1卷第1期。

午三小时授国文功课。额设六十名，每半年收学费洋二十元"①。1913年，寰球中国学生会又以"补助商界、培植少年"为宗旨，组织夜馆，开设英文、法文、德文及商科，于10月13日晚正式开学，②由发起诸君担任义务教育。③又基于夜馆开设后报名者踊跃之情形，寰球中国学生会于1914年再添设日馆，并计划2月12日开学。原定夜馆招生名额为400人，日馆招生名额为200人，④收取学费36元。⑤因日馆、夜馆均有暑假之休，⑥故为"有志求学，无从问津"者考虑，避免暑假之大好时光虚搁，夜馆又添设"暑假补习科"，只收取学费3元。⑦广告发出后，报名情形踊跃，这使得寰球中国学生会一方面不得不忙于另租房屋，推广学额，⑧以及筹备添聘教员事宜；⑨另一方面则慎选精良之教科书，积极研究种种教学改良方法。如日、夜馆谋求组织课余练习英文的研究会，编制仿效欧洲的十五分钟体操，⑩为配合国语运动而设立"国

---

① 《寰球中国学生会设立附属小学》，《申报》1906年2月1日第10版。
② 《寰球中国学生会夜馆招生广告》，《申报》1913年10月3日第1版。
③ 《寰球中国学生会夜馆开课》，《申报》1913年10月13日第10版。
④ 《寰球中国学生会日、夜馆招生广告》，《申报》1914年1月30日第1版。
⑤ 《寰球中国学生会日馆招生》，《申报》1914年6月24日第1版。
⑥ 《寰球中国学生会之日校休业式》《学生会夜校之休业式》，《寰球》1916年第1卷第2期。
⑦ 《寰球中国学生会夜馆暑假补习科招生》，《申报》1914年6月24日第1版。
⑧ 《寰球中国学生会夜馆开学》，《申报》1915年3月7日第10版。
⑨ 《学生会日馆亦开学》，《申报》1915年3月8日第10版。
⑩ 《循循善诱之日夜馆》，《申报》1915年6月14日第10版。

语科"①"国文文学研究会"②，举行活跃学术氛围的"演说
竞争会"③，以及组织丰富多彩的联谊活动作为社会教育之践
行，④如该会邀请某君试演外洋戏法、催眠术、新奇戏法、⑤
组织游戏算法、猜字行令、⑥观看最新式影片等。⑦1916 年，
寰球中国学生会再度创办"义务学校"，本着以之为"普及贫
民教育，使人人有一技之长，能自立于社会上为目的"⑧。
1917 年 7 月，夜校校长徐纫苏、日校校长杨德钧分别辞职，⑨
但并未给寰球中国学生会的招生带来较大的波动。相反，在
李登辉、余日章、朱少屏等人的整顿下，不仅"章程、课表
业经改订、完善"，而且"学膳费亦登报减轻"，特别是两校
教职员"均选聘学识优长富有经验之士"⑩，致使寰球中国学
生会再度呈现出投考者"络绎不绝，宿舍恐不敷用"的气
象。⑪据悉，1905 年该会成立之初，会员仅有 50 余人，而后经
朱少屏等人的努力，俨然成为数千人的大社团。⑫

---

① 《夜校增设国语科》，《申报》1915 年 11 月 1 日第 10 版。
② 《寰球学生会夜校记事》，《申报》1916 年 12 月 24 日第 11 版。
③ 《演说竞争之结果》，《学生会会报》1915 年第 2 期。
④ 《寰球中国学生会第十次年会纪盛》，《协和报》1915 年第 5 卷第 19 期。
⑤ 《学生会今晚开会》，《申报》1913 年 7 月 5 日第 10 版。
⑥ 《寰球中国学生会纪事》，《申报》1914 年 4 月 15 日第 10 版。
⑦ 《学生会今晚开交谊会》，《申报》1915 年 11 月 18 日第 10 版。
⑧ 《寰球中国学生会义务学校章程》，《寰球》1916 年第 1 卷第 1 期。
⑨ 《徐纫苏辞夜校夜校职通告》，《申报》1917 年 7 月 9 日第 1 版；《寰球中国学生
会日校全体教职员启事》，《申报》1917 年 7 月 12 日第 2 版。
⑩ 《学生会日夜校之刷新》，《申报》1917 年 8 月 24 日第 11 版。
⑪ 《学生会学校》，《申报》1918 年 2 月 23 日第 10 版。
⑫ 张光宇：《中国社团党派辞典》，陕西人民出版社，1992 年，第 165 页。

　　创办报刊也是寰球中国学生会开展社会教育的又一重要途径。1905年社团建立之初，即有名曰《寰球一粟》的定期会报发行，每月出版一次，以报告会务之进行状况，介绍新知识于社会为宗旨。至1906年底，改名为中英文合璧的《寰球中国学生报》（双月刊）。1915年，改名为纯中文的《学生杂志》，至1916年再度更换为季刊《寰球》。[①]其中或是刊登"学界要闻"，或是刊载邀请名流之演说内容，或是刻印本会之内部活动。

　　寰球中国学生会还承担了代理其他学校招生报名的任务。李登辉在创办寰球中国学生会的同时，自1906年始，历任复旦公学的英文部主任、教务长，直至1913年担任了复旦公学校长一职。[②]这使得复旦公学与寰球中国学生会如同兄弟一般，相得益彰，互为表里。这不仅体现在早期复旦公学的报考由寰球中国学生会代理方面，[③]两者的招生广告常并列呈现，[④]而且教学资源的共享更是互通有无。[⑤]此外，健行公

---

①　《本会会务概况》，《寰球中国学生会特刊》1934年第8期。原文中称："1908年改为中英文合璧之两月刊，定名曰学生报"，疑似时间有误，应为1906年。另可参见《近代上海大事记》，上海辞书出版社，1989年，第615—616页。

②　《李登辉年谱简编》，钱益民：《李登辉传》，复旦大学出版社，2005年，第284—288页。

③　《复旦公学招生报名广告》，《申报》1908年6月25日第6版。

④　《复旦公学招生广告》《寰球中国学生会日、夜校定三月三、五号开学》，《申报》1915年3月3日第2版。

⑤　许有成、柳浪编著：《复旦经纬——百年掌故及其他》，上海人民出版社，2005年，第20—22页。

学、①中国公学，②甚至是远在国都的北京大学的招考报名，也授予了寰球中国学生会代理之职权。③

二、演讲：中西文化交接之码头

约请中外名流演说是寰球中国学生会的一项常规活动。1907年，寰球中国学生会设立"演说部"，是年二月，顾斐德演说《热气之神奇》，开该会演讲之先河。1908年有伍连德博士演讲《微生物有害无害的分别》，1909年有毕德恒讲演《英国之宪法》……。④自1913年5月17日，演说部杨锦森主任即拟定计划，"每星期开会一次，邀请实学专家，如教育、政、法、农、工、商、医等有用各科到会分期演说"⑤。1916年3月，寰球中国学生会日校再发告示，"为注重学生品格起见，定于每间一星期六，请校内教员或校外有名人物演讲"⑥。就演说举办的实际情形看，尽管未能遵循每周一次的频率，但活动开展的态势不可不谓如火如荼。笔者拟通过检阅《申报》为中心，大致梳理出辛亥年间至"五四"以前寰球中国学生

① 《健行公学招考》，《申报》1906年5月15日第1版。
② 《中国公学开课及招插班生》，《申报》1914年2月1日第1版。
③ 《北京大学招考文》，《寰球》1916年第1卷第1期。
④ 《本会会务之概况》，《寰球中国学生会刊》1934年第8期。
⑤ 《学生会将开演说会》，《申报》1913年5月16日第7版。
⑥ 《养成完全人格之训勉》，《申报》1916年3月19日第10版。

会邀约各界人士演说的基本情形（见表1）。

表1　寰球中国学生会邀约各界人士演说情况

时间	姓名	讲演者身份	演讲主题
1911年1月23日	劳裴司	美国演说家、博士	新发明之科学
1911年5月31日	丁榕	律师	法律之解释及其位置
1911年7月24日	周诒春	寰球中国学生会职员	强迫教育
1911年8月20日	黄国恩	上海实业学堂学生	美国华工禁例之内容
1912年2月8日	梅殿华	尚贤堂协办、美国博士	西方之实行与东方之理想
1912年4月24日	何启	香港参议院华议员	团体与个人之关系
1912年5月24日	伊华德	哈佛医学校校长	养生术
1912年9月19日	王正廷	前中华民国工商总长	公德之观念
1912年11月8日	费吴生	美国科学大家	飞艇之妙用
1912年11月26日	汤化龙	临时参议院副议长	政党竞争与道德之关系
1912年12月5日	孙洪伊	共和建设讨论会领导人	中国之进步与世界之进化关系
1913年1月11日	罗锐	巴黎大学法律博士	法国宪政概况；中国共和宜采用法国制度
1913年4月24日	魏沙泼	波兰博士	教育为强国之本
1913年4月24日	韦斯哈	德国博士	教育心理学；东西方教育制度比较
1913年5月17日	范源廉	时任教育总长	民国建设上学者之天职
1913年5月22日	包天笑	《妇女时报》主编	改良戏剧
1913年5月29日	王宠惠	曾任唐绍仪内阁司法总长、耶鲁大学民法学博士	中华民国之宪法
1913年6月5日	陈焕章	哥伦比亚大学哲学博士、孔教会总干事	孔教与现在政局之关系
1913年6月13日	梅殿华	尚贤堂协办、美国博士	西人之道教观
1913年6月26日	侯光迪	天津医学校毕业，北洋陆军医院、沪红十字医院医生	上海流行之传染病
1913年7月3日	王兼善	苏格兰爱庭堡大学文艺科硕士	演说雷铤之特点

续表

1913年7月11日	泰乐	美国医学博士	卫生事业谈；建议中国政府于广东设立卫生处
1913年9月11日	黄子诚	前驻澳洲中国总领事	旅澳华侨之情状
1913年10月16日	乐极	美国博士	科学与宗教之关系
1913年10月30日	濮一乘	《时报》《佛学丛报》主笔	西藏之宗教
1913年11月13日	嵇岑孙	神州大学发起人	银行学之大纲
1913年12月4日	王培元	红十字会总医士、救护队长	二次革命期间南京救护情形
1913年12月18日	徐凤石	耶鲁大学格致科学士	液体空气
1914年1月1日	余日章	哈佛大学硕士、黎副总统英文秘书	寰游地球一周之感受
1914年3月20日	黄添福	美国法律经济学士、闸北务商中学商科主任教员	教育与道德格致之关系
1914年3月26日	王钝根	《申报》"自由谈"主笔	国民之原素；教育方针
1914年4月2日	顾荫亭	南洋公学教员	生活教育设施法
1914年4月16日	张刚父	同济德医院毕业生	人人须知之急救法
1914年5月7日	俞凤宾	美国公共卫生学博士、南洋大学教员	寰游杂感
1914年5月21日	费吴生	美国科学大家	冷热之神奇
1914年6月11日	邓落葆	美国医学博士、哈佛医学校教员	耳目症发生原因及预防法
1914年6月17日	麦欧斯	上海德文学校校长	德国教育制度研究
1914年6月20日	范源廉	前教育总长	暑假期间留心学务
1914年9月17日	袁观澜	教育部视学员	旅行直隶、山西、陕西、河南之状况
1914年10月3日	穆藕初	美国历诺大学学士	农业之针砭
1914年10月15日	郭鸿声	哥伦比亚大学哲学博士、纽约大学教育学博士	教育与国家进步之关系
1914年10月29日	穆藕初	美国历诺大学学士	纱厂之利弊
1914年11月12日	罗洋辉	芝加哥大学法学博士、前广东外交司司长	欧西战争与局外中立法
1914年12月3日	王正廷	前中华民国工商总长	欧美学生之合群精神

1914年12月17日	吴和士	博物学杂志编辑	江苏省植物之研究
1915年1月7日	黄炎培	原江苏省教育司司长、江苏省教育会副会长	第一年间之实用教育主义
1915年1月21日	张士一	江苏省省教育会体育研究会发起人	人人须知之体育法
1915年2月6日	黄添福	美国法律经济学士、闸北务商中学商科主任教员	如建塔之求学
1915年2月6日	余日章	哈佛大学硕士、黎副总统英文秘书	吾国今日极大之危险
1915年3月6日	康有为	孔教会会长、前清遗老	欧化东渐以来风气之变动
1915年3月6日	李佳白	尚贤堂创办人、美国传教士	国与国、人与人交谊
1915年3月25日	曹锡赓	中国青年会总干事	作事与游憩之关系
1915年4月1日	余日章	哈佛大学硕士、黎副总统英文秘书	美国之最新国民教育
1915年6月3日	张士一	江苏省教育会体育研究会发起人	远东运动会之感言
1915年6月24日	俞凤宾	美国公共卫生学博士、南洋大学教员	肺痨之简易预防方法
1915年9月9日	聂云台	游美实业团团员	游美考察实业报告
1915年9月16日	余日章	哈佛大学硕士、黎副总统英文秘书	游美实业团考察观感：谁为太平洋之主人翁
1915年9月30日	贾季英	留日学生、江苏省第二师范学校校长	人格教育
1915年10月14日	黄炎培	原江苏省教育司司长、江苏省教育会副会长	美国之社会教育
1915年10月28日	江逢治	德国柏林大学医学博士	德国战时医术之进步
1915年11月11日	萨格	印度教育学硕士	寰游世界观感
1915年11月27日	黄佐廷	留美学生监督	中国学生游美情形
1915年12月26日	刘大钧	美国密歇根大学学士	美国实业情形
1916年1月6日	王正廷	前中华民国工商总长	谋中国体育之发达
1916年1月20日	沈信卿	江苏省教育会干事员	养成自动力之教育

续表

1916年3月4日	谢武衡	中国青年会干事	社会主义
1916年3月11日	张道中	寰球中国学生会夜校家庭卫生科兼职教授、西医	卫生学理
1916年3月18日	徐纫荪	寰球中国学生会夜校校长	学生自助论
1916年3月25日	沈宝昌	上海县县知事	教育与国家观念之养成
1916年3月26日	杨景时	沪江大学教员	空气与地球、人类之关系
1916年4月8日	李启藩	中国青年会干事	童子军之组织
1916年4月15日	俞凤宾	美国公共卫生学博士、南洋大学教员	公众卫生之纲领及其实行方法
1916年4月29日	董景安	沪江大学校副校长	学生之地位及责任
1916年5月6日	杨子永	道尹公署教育署长	批判八股教育
1916年5月13日	朱友渔	哥伦比亚大学博士、圣约翰大学政治学主讲	青年身体、脑力、道德之预备
1916年5月20日	巴士第夫人	美国教育家	蒙铁梭利教育法、蒙氏教具之精义
1916年5月27日	余日章	哈佛大学硕士、黎副总统英文秘书	何为真教育
1916年6月3日	黄炎培	原江苏省教育司司长、江苏省教育会会长	学业与事业
1916年6月10日	杨景时	沪江大学教员	科学之观念
1916年6月17日	钱新之	中国银行顾问、寰球中国学生会会计校董	纸币停兑之风潮
1916年6月17日	徐可陞	美国大学院文学士	今日中国之新希望
1916年7月1日	贾季英	留日学生、江苏第二师范学校校长	人格教育
1916年7月16日	俞凤宾	美国公共卫生学博士、南洋大学教员	夏令卫生
1916年7月30日	钱新之	中国银行顾问、寰球中国学生会会计校董	"是非"观与今日政局之关系
1916年8月5日	邢契莘	麻省理工大学造船科硕士	二十世纪战争之利器
1916年8月5日	周厚坤	麻省理工大学飞机科硕士	新发明之中国打印机
1916年8月19日	傅步兰	傅兰雅之子	盲童教育

续表

1916年9月2日	毕静谦	寰球中国学生会教员	学生立身求学之方针
1916年9月2日	董东苏	寰球中国学生会教员	国粹
1916年9月9日	吴和士	博物学杂志编辑	军国民教育
1916年9月24日	沈信卿	江苏省教育会干事员	今日中国之需要实业人材
1916年9月30日	葛耀良	中华铁路学校教务长	单轨铁道机轮之原理
1916年9月30日	俞凤宾	美国公共卫生学博士、南洋大学教员	饮食之卫生
1916年10月7日	张士一	江苏省教育会体育研究会发起人	国民体育之常识
1916年10月23日	张贡九	哈佛大学硕士	无线电报
1916年10月29日	瞿同庆	约翰青年会校长	凡事成败原因之分析
1916年11月5日	江逢治	德国柏林大学医学博士	德国之医学
1916年12月2日	俞凤宾	美国公共卫生学博士、南洋大学教员	青年饮食问题
1916年12月10日	张士一	江苏省教育会体育研究会发起人	英文自习之方法
1916年12月16日	凌道扬	中国科学社社员、耶鲁大学硕士	森林之利益
1917年2月25日	戈朋云	上海著名士绅	全国社会之程度
1917年3月12日	池园德太郎	日本学者	电学试验新发明之电池
1917年3月17日	汪精卫	法国里昂大学留学生	赴法留学之体验；增进文化之能力
1917年3月17日	陈汉卿	寰球中国学生会体操教员	近世学术之演进
1917年3月24日	金骥臣	寰球中国学生会教员	爱国之真
1917年3月31日	钱文蔚	寰球中国学生会教员	肺病之害及其预防方法
1917年4月7日	郭秉文	哥伦比亚大学博士、寰球中国学生会会员	考察日本、菲律宾教育之感言；菲律宾华侨状况
1917年4月18日	俞凤宾	美国公共卫生学博士、南洋大学教员	脑神经卫生
1917年4月21日	蔡熙民	寰球中国学生会教员	习惯之利害

续表

1917年4月28日	张嘉寿	寰球中国学生会教员	"心"字之意义
1917年4月29日	刘立人	寰球中国学生会国文教员	"谨慎"要旨
1917年5月1日	沈绍期	哥伦比亚大学毕业、湖北文华大学附设公书林图书馆馆员	筹办图书馆之方法；图书馆对于地方兴学之功用
1917年5月13日	沈信卿	江苏省教育会干事员	职业教育
1917年6月5日	郝伯阳	赴日本远东运动会干事员	第三次远东运动会中国失败原因
1917年9月22日	蒋梦麟	中华职业教育社总书记、哥伦比亚大学博士	职业教育研究
1917年9月29日	汤泼孙	哈佛大学商科主任、教授	中国需要之高等商业教育
1917年12月6日	但那氏	美国麻风人会书记	麻风症
1918年3月23日	俞凤宾	美国公共卫生学博士、南洋大学教员	肺火疫预防法
1918年4月20日	聂管臣	中孚银行监理	实业谈；储蓄谈
1918年9月15日	朱育沧	英国格拉斯哥大学硕士	英国风俗
1918年9月20日	袁观澜	教育部次长	教育为立国之本
1918年9月28日	黄炎培	中华职业教育社主任	职业教育
1918年10月20日	胡宝孙	全国教育会联合会教育部代表	中国教育悲观与乐观的两方面
1918年10月20日	苏象乾	全国教育会联合会山西代表	国民性与国家兴亡之关系
1918年11月3日	任鸿隽	中国科学社董事会会长、哥伦比亚大学硕士	何为科学家
1918年11月3日	胡明复	哈佛大学数学博士、中国科学社会计	物理学上最新之电了学说
1918年11月3日	杨铨	康奈尔大学机械工程师、哈佛大学商学硕士、《科学杂志》编辑	个人效率主义之原理
1918年11月28日	吴伟夫	加利福尼亚大学教授	拟在中国创办一实业大学之计划
1918年12月28日	凌道扬	金陵大学农科教员、林学硕士、中华森林会总干事	欧战与森林之关系

若通过对上述表格的分析，我们可获得如下六点认识：

其一，就受邀演讲人的国籍背景看，可分为外籍人士、本国人士两类。外籍人士中有美国籍的劳裴司、梅殿华、伊华德、费吴生、泰乐、乐极、邓落葆、麦欧斯、李佳白、巴士第夫人、傅步兰、汤泼孙、但那氏、吴伟夫，德国籍的韦斯哈，波兰籍的魏沙泼，法国籍的罗锐，印度籍的萨格，日本籍的池园德太郎等人。

其二，在本国人士中，相当一部分具有留学经历，如属于留美派的陈焕章、徐凤石、黄添福、俞凤宾、穆藕初、郭鸿声、罗泮辉、朱友渔、余日章、张士一、刘大钧、徐可陞、刑契莘、周厚坤、张贡九、凌道扬、蒋梦麟、郭秉文、沈绍期、任鸿隽、胡明复、杨铨，属于留日派的汤化龙、范源廉、贾季英、钱新之，属于留英派的何启、朱育沧，属于留德派的江逢治，属于留苏格兰的王兼善，属于留法派的汪精卫，兼具美、日留学经历的王正廷、王宠惠等。其中，留美派最多，留日派次之。在这批留学生演说者中间，获得博士学位的有王宠惠、王正廷、陈焕章、俞凤宾、郭鸿声、罗泮辉、江逢治、郭秉文、胡明复等人，获得硕士学位的有王兼善、余日章、张贡九、邢契莘、周厚坤、凌道扬、任鸿隽、杨铨、张士一等人。可见，此处荟萃了清末民初中国留学生中的精英分子。

其三，就演讲者职业情况言，外籍人士除李佳白涉入清末民初的政局外，基本上为教育家或学者。本国人士可分为政要官员、士绅名流、教育工作者、医生等四类。属于政要或官员的有前任工商总长王正廷、临时参议院副议长汤化龙、共和建设会领导人孙洪伊、前任司法总长王宠惠、教育总长范源廉、前驻澳洲中国总领事黄子诚、黎元洪副总统英文秘书余日章、教育部视学（后任教育部次长）袁观澜、前广东外交司司长罗泮辉、游美实业团团员聂云台、留美学生监督黄佐廷、上海县县知事沈宝昌、上海道尹公署教育署长杨子永、一度奔走于南北议和的汪精卫等人。属于士绅名流的有早期维新派何启、《妇女时报》主编包天笑、孔教会总干事陈焕章、《时报》及《佛学丛报》主笔濮一乘、《申报》"自由谈"主笔王钝根、中国青年会总干事曹锡赓、前清遗老康有为、《博物学》杂志编辑吴和士、中国银行顾问钱新之、约翰青年会校长瞿同庆、中孚银行监理聂管臣、戈朋云等人。教育工作者可分为"校外"与"校内"两类。属于"校外"的有闸北务商中学商科主任黄添福、南洋公学教员顾荫亭、南洋大学教员俞凤宾、神州大学发起人嵇岑孙、江苏省教育会体育研究会发起人张士一、江苏省第二师范学校校长贾季英、江苏省教育会干事员沈信卿、沪江大学教员杨景时、沪江大学校副校长董景安、圣约翰大学政治学主讲朱友渔、中华铁路学校教务长葛耀良、中国科学社社员兼金陵大学农科教员凌道扬、湖北文华大学附设公书林图书馆馆员沈绍期、中华职业教育社总书记蒋梦麟、历任江苏省教育会副会长、会长以及中华职业教育社主任的黄炎培、全国教育会联合会教育部代表胡宝孙、山西代表苏象乾、《科学杂志》编辑杨铨等。属于"校内"的有寰球中国学生会会员郭秉文、职员周诒春、夜校家庭卫生科教授张道中、夜校校长徐纫荪、教员董东苏、毕静谦、陈汉卿、金骥臣、钱文蔚、蔡熙民、张嘉寿、刘立人等人。属于医生职业的有上海红十字医院医生侯光迪、红十字会救护队长王培元等人。

其四，就演讲的内容看，涉及时局、教育、法律、宗教、科学、医学、实业等话题。围绕"时局"而展开的有政党竞争与道德之关系、旅澳华侨之现状、二次革命期间南京救护情形、远东运动会感言、纸币停兑风潮、20世纪战争之利器等演说。围绕"教育"而展开的有东西方教育制度比较、民国建设与学者之天职、改良戏剧、生活教育设施法、教育与国家进步之关系、实用教育主义、养成自动力之教育、军国民教育、国民体育之常识、人格教育、美国之社会教育、中国需要之高等商业教育、职业教育、筹办图书馆之方法等演说。围绕"法律"而展开的有中华民国之宪法、欧西战争与中立法等演说。围绕"宗教"而展开的有孔教与现在政局之关系、西人之道教观、科学与宗教之关系、西藏之宗教等演说。围绕"科学"而展开的有飞艇之妙用、液体空气、冷热之神奇、新发明之中国打印机、无线电报、电学试验新发明之电池、物理学上最新之电子学说等演说。围绕"医学"而展开的有人人须知之急救法、耳目症发生原因、肺痨之预防法、卫生学理、夏令卫生、公众卫生之纲领及实施法等演说。围绕"实业"而展开的有农业之针砭、纱厂之利弊、游美考察实业报告、今日中国所需之实业人才、储蓄谈、欧战与森林之关系等演说。

其五，需要说明的是，在上述列表中，有许多人士属于多次受到邀请之列。其中，外国学者费吴生、梅殿堂分别在寰球中国学生会讲学2次，留学生俞凤宾讲学6次，余日章、黄炎培讲学4次，穆藕初、黄添福、江逢治各讲学2次，政要官员王正廷讲学3次、范源廉、袁观澜各讲学2次，教育工作者张士一讲学4次，沈信卿讲学3次，凌道扬、贾季英、钱新之、杨景时、吴和士各讲学2次。

其六，就演讲举办的频率看，清末较少，进入民国后次第增多。特别是1913年5月后，在演说部主任杨森的策划下，"演说"作为寰球中国学生会的重要活动，走向了"日常化"的轨道；1916年，朱少屏担任总干事后，会务再度扩充，[1]又经日校、夜校的推动，演讲日益活跃。据上述不完全统计，1916—1918仅3年间，即呈现出超越此前寰球中国学生会成立以来举办演说次数总和之趋势。

值得一提的是，"五四"以后，寰球中国学生会秉持促进中西文化交流之旨趣，敦请外国学者来华讲学的热度仍持续不降。例如，1922年，孟禄（Dr.Paul Monroe）、吴伟士（Dr.Wooddworth）即受到了该会的盛情邀请。[2]该团体在学术普及、中西文化互动方面的贡献着实不容忽视。

① 刘绍唐主编：《民国人物小传》（一），传记文学出版社，1992年，第47页。
② 《廿四团体欢宴英美学者纪》，《申报》1922年1月6日第14版。

三、留学：从美国到法国之寰游

1908年，美国以退还中国庚子赔款作为中国留学美国的教育基金，并在北京设立游美学务处，这使得赴美留学之人数激增。[1]1911年清政府留美预备学校"清华学堂"创办。[2]寰球中国学生会亦积极响应配合，于1907年即设立了"游学招待部"，[3]并以"联络寰球各处学生"为号召，[4]拟协助政府派遣留学生赴美。

寰球中国学生会为赴美留学生举行隆重的壮行仪式。1911年8月5日，李登辉宣告开会宗旨后，便有伍廷芳对留学生发表劝勉之演说：到美时，务宜专心求学，毋忘顾国家培植之功，须抱定宗旨学习如工艺、路矿、商学、农学等吾国人才最为缺乏之专业。朱少屏则对留美学生寄予厚望，国家"转弱为强"全赖诸君。周诒春则将自己游美种种经历与感悟，编成小册子分发现场。[5]1912年10月17日，寰球中国学生会欢迎"民国第一次派出学生"，陈贻范、王正廷、伍朝枢等分致演说，

---

① 《清华校史组记从游美学务处到清华学校》，朱有瓛主编：《中国近代学制史料（第三辑）》上册，华东师范大学出版社，1990年，第549—551页。
② 《外务部：奏请订立清华学堂章程折》，陈学恂、田正平编：《中国近代教育史资料汇编·留学教育》，上海教育出版社，1991年，第179—180页。
③ 《本会会务概况》，《寰球中国学生会特刊》1934年第8期。
④ 《记拟设寰球中国学生会大意》，《教育杂志（天津）》1905年第12期。
⑤ 《学生会欢迎留美学生》，《申报》1911年8月7日第3张第2版。

会场热闹非凡。①1914年8月3日，寰球中国学生会欢送赴美学生，唐绍仪、王宠惠、梅殿华等中外名流均列席，其中范源廉发表《中国之主义》演说，唐文治发表《中国之文学》演说，以为鼓励之词。②除了敦请名士演说外，该会还常于欢送大会上"佐以军乐、茶点"，借以联络情谊。③

除了举行送别仪式，寰球中国学生会还成为留学生的会聚地。1912年，"留美同学会"成立，假借寰球中国学生会为场地开成立大会。④1913年，清华学校授予部分毕业生留洋资格，这批学生抵沪后，指定的聚集地点就在寰球中国学生会。⑤1914年，为接洽赴美留学生，寰球中国学生会设立了事务所作为办公之处。⑥至于各省教育厅选派的"东西洋各生"，经教育部考核合格后，亦委托朱少屏"照料一切"，各地、各校的官派及自费生均指定在寰球中国学生会集合。⑦

而留学生抵美后，亦常将到达之消息回馈于寰球中国学生会。1914年9月，该会接到"美国旧金山周寄梅君来电，谓清华学校派赴美国全体学生以及自费男女学生已安抵该埠"⑧。1915年9月3日，该会再度接到护送员赵国材美国来

① 《欢迎部派留学生》，《申报》1912年10月17日第7版。
② 《寰球中国学生会欢送游美学生》，《申报》1914年8月5日第10版。
③ 《欢送留美学生会》，《寰球》1916年第1卷第3期。
④ 《留美同学会》，《申报》1912年3月11日第7版。
⑤ 《寰球中国学生会欢送留美留生》，《教育周报（杭州）》1913年第14期。
⑥ 《欢送游美学生》，《申报》1914年8月3日第10版。
⑦ 《选派留学生定期放洋》，《申报》1917年9月3日第10版。
⑧ 《游美学生安抵旧金山》，《申报》1914年9月10日第10版。

电谓"已直抵该埠，全体无恙"①。至于留美学生毕业回国，一方面经由该会发出消息，以告国人，②另一方面该会游学招待部也为归来之学生筹备庆典大会。③

此外，寰球中国学生会充分利用会刊之平台，对留美学生游学之状况、政府留美政策、留学生自费出国等情形进行报道，④或将出洋学生名单列出公示。⑤同时，该会还编印《出洋游学之导引》《沿途规则》《西俗礼法》《各国大学校之性质》等指南书，供留学生参考。即便是协助留学生"领取护照""介绍函牍""定购舱位"等事，亦"全属义务，不取酬费"⑥。这在留学生中间赢得了较高的评价，某会员撰文称，寰球中国学生会是"极有价值的一个机关，不但就近社会上是信得过的，就是各省各县的社会没有一个不赞成的"⑦。

1919年起，寰球中国学生会又增设组织赴法游学之项目。留法勤工俭学运动的最初倡导者为李增石先生，第一次世界大战结束后，李增石即通过留法勤工俭学会、华法教育会等组织动员国内知识青年赴法勤工俭学。⑧该提议很快得到了寰

① 《留学生抵美消息》，《申报》1915年9月3日第10版。
② 《游美毕业生联袂返国》，《寰球》1917年第2卷第3期。
③ 《学生会两次欢迎回国学生》，《申报》1918年8月29日第10版。
④ 《留学生赴美之照料》《选派留学生定期放洋》，《寰球》1917年第2卷第3期。
⑤ 《民国七年八月出洋学生一览表》，《寰球临时周刊》1918年，第1—6页。
⑥ 《出洋游学之导引》，《申报》1918年7月3日第10版。
⑦ 《寰球中国学生会的价值》，《寰球中国学生会周刊》1919年10月18日第2版。
⑧ 《赴法勤工俭学指南》，清华大学中共党史教研组编：《赴法勤工俭学运动史料》（一），北京出版社，1979年，第216—220页。

球中国学生会的回应，^①仅1919年3月至1920年12月，共有21批学生，近2000名学生留学法国，朱少屏此间均承担了大量协助工作。^②

1919年3月15日、29日，朱少屏两次主持召开欢送赴法留学生大会，欢送第一、二批赴法学生。^③其中毛泽东、聂荣臻、蔡和森、向警予等均曾亲临体验寰球中国学生会组织的留法学生欢迎大会。据《毛泽东年谱》记载，其"在上海参加环（寰）球中国学生会召开的赴法留学学生欢送会。十七日，送别湖南青年赴法。二十九日，参加又一批赴法留学生欢送会，三十一日送别"^④；《聂荣臻年谱》中记有其"到上海静安寺51号'环（寰）球中国学生会'，出席该会举办的欢送留法学生大会，听取了会长朱少屏，学生代表王泽楷、向警予等的讲演"^⑤；《蔡和森年谱》中亦记载，其于12月25日乘船赴法，系三等舱位，同行者有湖南女生葛建豪、蔡畅、向警予等六人，赴埠送行者中即有寰球中国学生会。而正是此次长达35天的旅行，成为蔡和森与向警予结成伉俪

① 《本会欢送赴法勤工俭学诸君》，《寰球中国学生会周刊》1919年10月5日第3版。
② 周永珍：《20世纪初中国留法史料辑录·留法纪事》，国家图书馆出版社，2008年，第124页。
③ 《学生会欢送留法学生纪事》，《申报》1919年3月16日第10版；《第二批留法学生出发》，《申报》1919年3月31日第10版。
④ 逄先知主编：《毛泽东年谱》上卷"1919年3月15日"，中央文献出版社，2002年，第40页。
⑤ 周均伦主编：《聂荣臻年谱》上卷"1919年12月7日"，人民出版社，1999年，第18页。

的契机。①

　　1919年寰球中国学生会在"留美"途径之外，开辟了另一条"留法"道路。而"留法"热潮之兴起，亦为中国社会培养了诸多早期共产主义知识分子，直至后来对于共产主义革命产生了深远影响。如是看来，该会身在其中，功不可没。

四、余论：公共空间里的一叶扁舟

　　在考述寰球中国学生会早期活动的基础上，若将研究视野加以"脉络化"，或将之冠以思想史意义，则可以观察其在公共空间（public space）领域中的形塑。

　　民初以降，北洋政府关于开展社会教育的呼声越来越高。早在蔡元培任教育总长期间，便提出了"整顿教育之办法，首重社会教育"的方针。②继任教育总长范源廉亦称，今日之社会教育"当以提倡精神生活为方针，而以讲演会、白话报等种种方法"为推广。③关于学生休放暑假之意义，范源廉认为当视为"变换"与"豫备"之机会，以为"乘时进取之谋"④。汤化龙担任教育总长之时，曾拟设通俗教育研究会，

①　李永春编著：《蔡和森年谱》"1919年12月26日"，湘潭大学出版社，2008年，第53—55页。
②　高平叔编著：《蔡元培年谱长编》（一），人民出版社，1999年，第476页。
③　《肉体精神平均发达说》，欧阳哲生等编：《范源廉集》，湖南教育出版社，2010年，第12页。
④　范源廉：《学校休假之本意》，《中华教育界》1915年第1卷第8期。

以改良小说、戏曲，举办讲演为宗旨。①而寰球中国学生会兴办的日校、夜校，以及暑假补习科，正是在此环境下应运而生。换言之，寰球中国学生会对于社会教育的力谋，与政府话语形成了一种良性的对话与合作关系，并彰显了作为民间自治团体在国家与社会之间的价值张力。

上海作为晚清以来中西交融、碰撞之场域，已毋庸赘言。频繁的演说活动，作为中西文化交流的风景线，在清末民初的上海引人瞩目。翻阅此间的《申报》便可略知其拥有广泛的受众及影响。而涉猎各领域的演说，亦在国家政治话语之外，形成了一股具有公共批判精神的思想潮流。虽然寰球中国学生会的演说活动称不上开启先河，但若将视域"向后看"："五四"以后杜威、罗素、泰戈尔、孟禄、杜里舒等名哲来华演说并形成气候。②就该意义而言，寰球中国学生会为"五四"时期名流演讲与中国思想界的变动，起到了准备与铺垫的作用。

至于留学教育一节，就寰球中国学生会诞生时间看，其成立几与清政府宣布废除科举，在各地兴建新式学堂的同时。然而，清政府对于猝然停废科举、选派留学生出国尚缺乏足够的准备。民初北洋政府继续积极推动游美留学活动，并进

---

① 《汤化龙呈大总统拟设通俗教育研究会文（1915年7月16日）》，陈元晖主编：《中国近代教育史资料汇编·教育行政机构及教育团体》，上海教育出版社，2007年，第375—376页。

② 郑师渠：《五四前后名哲来华讲学与中国思想界的变动》，《近代史研究》2012年第2期。

一步将"管理留美学生事务规程"制度化。①在新旧教育接替之际，该会成立并服务于留学教育，无疑具有补充政府功能不足的作用。

寰球中国学生会并非孤立存在的教育团体，而是与其他社团存在着密切的互动关系。如前文所述，江苏省教育会、中国青年会等上海社团组织，均与寰球中国学生会有过交谊往来。身为南社成员的朱少屏，亦曾将该会作为南社通讯处。②这些社团的公共交往及舆论共同构成了国家政治力量之外的公共空间领域。

尽管寰球中国学生会成立之初，以"不涉政治，专求教育之进步"相标榜，③然而，其仍不时表现出政治参与的热情。民国肇建之初，该会即举办"辩论会"活动，论题涉及中国应否采用欧美"自由结婚"之制、④以财产或以教育为"选举资格"之标准、⑤"中国应否予一部分之妇女以参政权"⑥、"省长由总统委任抑由人民公举"⑦等等。

政治参与的姿态还体现在寰球中国学生会对于国家政治事件的因应。该会成立之初，即召开了抵制美国禁止华工条

① 《教育部：管理留美学生事务规程（1916年3月12日）》，陈学恂、田正平主编：《中国近代教育史资料汇编·留学教育》，上海教育出版社，2007年，第205—207页。
② 郑逸梅编著：《南社丛谈》，上海人民出版社，1981年，第114页。
③ 《记拟设寰球中国学生会大意》，《教育杂志（天津）》1905年第12期。
④ 《辩论自由结婚之趣味》，《申报》1912年10月5日第7版。
⑤ 《选举资格应注重教育》，《申报》1913年1月18日第7版。
⑥ 《女子参政权之辩论会》，《申报》1912年6月15日第7版。
⑦ 《讨论选任省长问题》，《申报》1913年2月9日第7版。

约大会，1905年9月8日，李登辉等人演说，提出"抵制运动不能以工约改良而终止，主张彻底废除工约"之办法。10月14日，该会又召开特别演说会并拟上书清政府，"指出非洲华工所受疾苦……要求清廷设法援救，并下令禁止华人继续前往非洲"①。共和告成之际，寰球中国学生会举办欢迎华侨归国之大会，②商议库伦独立后北京政府当如何对待蒙事之计划，③答谢巴西、美利坚、墨西哥、秘鲁、古巴五国承认中华民国之盛意，④欢送驻美总领事以表中美国交之睦谊，⑤配合"救国储金运动"而捐款，⑥派遣远东运动会义务队助阵，⑦研究军国民教育之方案，⑧提出解决中、交两行停兑引起的纸币风潮之对策，⑨贺电黎元洪当选总统，⑩参与"五九"国耻纪念、⑪孔子诞辰纪念大会，⑫迎接美国公使芮恩施抵沪，⑬响应拒绝烟土售卖之号召……⑭此外，历届"国庆"纪念仪式上也

---

① 《近代上海大事记》，上海辞书出版社，1989年，第603、605页。
② 《学生会欢迎华侨纪事》，《申报》1912年12月14日第7版。
③ 《商量对付蒙事方法》，《申报》1912年11月28日第7版。
④ 《感谢友邦承认之盛会》，《申报》1913年6月1日第10版。
⑤ 《欢送美总领事》，《申报》1914年1月31日第10版。
⑥ 《寰球中国学生会之赞助》，《申报》1915年5月14日第10版。
⑦ 《远东运动会纪事》，《申报》1915年4月29日第10版。
⑧ 《学生会通儒之演说》，《亚细亚日报》1915年10月2日。
⑨ 《纸币风潮》，《寰球》1916年第1卷第3期。
⑩ 《寰球中国学生会电》，《申报》1916年6月11日第10版。
⑪ 《国耻纪念汇志》，《申报》1917年5月11日第11版。
⑫ 《寰球学生会孔诞日之开会》，《申报》1917年10月13日。
⑬ 《美国公使抵沪》，《申报》1918年3月27日第10版。
⑭ 《拒绝售土之坚决》，《申报》1918年9月7日第10版。

同样少不了寰球中国学生会的身影。[①]1919年，"五四运动"爆发，寰球中国学生会还成为学生运动的重要据点。同年10月，孙中山应邀于寰球中国学生会发表题为《救国之急务》的讲演。[②]

若将寰球中国学生会对于日校、夜校的兴办，邀请名流演说，致力于服务留生出国等活动，置于晚清上海业已构建出的公共领域（public sphere）[③]形态中考察，便不难知晓，寰球中国学生会同上海的其他社团在运作机制上遵循相似的原则。这些社团都是聚集私人进行讨论和对话，关注的均是社会的公共问题，诸如社会教育、中西方文化交流、留学教育等。更为重要的是，一方面，寰球中国学生会等社团的"政治参与"，彰显了公众的理性批判精神和独立意识，并开展了系列公共批判活动；另一方面，寰球中国学生会对政府的改革及政策作出的积极回应，对于弥补官方政治力量在社会生活领域的鞭长莫及有着特殊的意义。广泛意义上的公共空间即是：与国家政治权力保持一定距离，坚持以士绅精英为骨干的民间力量为主体，并在此基础上进行平等对话和交流，

① 《举行国庆之盛典》，《申报》1912年10月10日第7版；《寰球中国学生会之庆祝》，《申报》1913年10月9日第10版；《三志国庆纪念之盛况》，《申报》1916年10月13日第10版。
② 柳无忌、殷安如编：《南社人物传》，社会文献出版社，2002年，第124页。
③ 需要指出的是，公共领域（publicsphere）与公共空间（publicspace）两个概念并不等同。后者的概念可以包含前者，指的是在社会与国家之间人们实现社会交往与文化互动的场所。前者系哈贝马斯提出，重点强调的是公共空间要具备鲜明的政治批判功能，能够产生含有指向性的社会公共舆论。

进而形成具有批判精神的公共权威话语，以构建其在社会公共事务和政治权力之间（国家/社会）的合法性基础。而随着公共领域的繁荣发展，民间社团酝酿出了一套具有独立话语权的社会整合与动员机制，对于推动上海在教育、思想、中西文化等方面成熟及一体化进程方面有着不可替代的功能。①而反观寰球中国学生会的上述活动，恰好体现了公共空间话语的历史表征。

---

① 参见方平：《晚清上海的公共领域（1895—1911）》，上海人民出版社，2007年，第406—409页。

抗战胜利后美国援华救济联合会与湖南农村重建工作述论[*]

抗战胜利后，美国援华救济联合会在湖南长沙、常德、岳阳、南县四地开展了农村重建工作，包括两大方面的内容：一是将救济与善后相结合，并以"善后"为根本目的；二是将农村工作与地方自治相结合，注重民众的启蒙、农村风俗的改良和农民科学意识的养成。美国援华救济联合会在湖南农村的重建工作是美国民间对人道主义精神和慈善理念的发扬，构成了战后中美关系史上鲜为人知的一个侧面。

---

* 本文与钟声教授合作撰写。

美国援华救济联合会（United China Relief）系美国《时代》周刊创办人亨利·卢斯（Henry R. Luce）发起的抗战期间及战后美国各界援华的民间团体组织，于1941年成立。该会的团体会员有：美国公谊服务会、中国战灾难童委员会、美国医药援华会、中华基督教大学联合董事会、美国对华急救委员会、美国教会对华救济会、中国工业合作协会美国委员会等，该会的成立是为了统一美国各地民间的援华募捐活动和经费，并宣称其救济对象"纯为中国人民，绝无党派和宗教之分"，驻华办事处最初成立时设在重庆，抗战胜利后迁往上海。美国援华救济联合会为战时及战后的中国社会提供了大量援助，体现了美国人民的人道主义精神，是慈善行为的一种体现。然而学术界对于美国援华救济联合会这一组织的研究尚处于空白状态，①笔者拟以湖南省档案馆保存的《美国援华救济联合会湖南农村重建工作概况》档案为中心，对美国援华救济联合会抗战胜利后的湖南农村重建工作这一断面进行考察，②以期引起同人对于这一组织的关注。

---

① 学术界仅有两篇论文对该组织发起人亨利·卢斯有研究，参见许静：《亨利·卢斯、〈时代〉周刊与四十年代中美关系》，《美国研究》1993年第1期；代素娟、杨和平：《卢斯的援华宣传与1942—1943宋美龄访美》，《宜宾学院学报》2006年第8期。

② 学术界对于抗战胜利后湖南善后救济与重建工作的研究有周秋光等《湖南慈善史》一书中的"抗战胜利后湖南慈善救济事业"一章（湖南人民出版社，2010年，第678—707页）、郭群《抗战胜利后湖南省善后救济工作述论》（湖南师范大学硕士学位论文，2010年）及杨乔《王东原与战后湖南重建》（湖南师范大学硕士学位论文，2007年）。而关于美国援华救济联合会在湖南农村开展的善后救济与重建工作尚无人涉及。

一、美国援华救济联合会在湘机构的设立

湖南作为抗战正面战场的主战场之一，在为全国抗日战争的胜利做出巨大贡献的同时，也遭受了严重的损失。湖南"前后血战，共历七载，铁骑纵横五十余县，沦陷四十七城，生计尽失，闾里为虚"[1]，全省直接伤亡57.7万余人，房屋被毁94.52万栋，财产累计损失113264.56亿法币。[2]战后湖南社会千疮百孔，亟需开展救济与善后工作。

战后湖南涌现了大量的慈善团体，配合行政院善后救济总署湖南分署及湖南省政府开展对农村的善后救济与重建工作，其中有美国援华救济联合会的加盟。

早在1943年，美国援华救济联合会在重庆设立驻华办事处，设有农村重建委员会。抗战期间委员袁君仲、遂杨君介绍湖南农村的重建工作，汇国币150万元，并邮寄工作示范大纲来湘，商议委托湖南私立修业高级农业职校办理农村重建业务。1944年3月援华会派挪威人毕斯敬氏来湖南益阳视察湘灾，正逢修业学校校长彭国钧由安化来益阳，双方洽谈，于益阳、资江商业职校开会，组建美国援华救济联合会湖南农村重建委员会，并在益阳设立美国援华救济联合会湖南农村重建服

---

[1] 赵恒惕：《发刊词》，《湘灾导报》创刊号，1945年。
[2] 《湖南是怎样度过灾荒的》，《湖南省政府公报》1946年11月27日。

务处。日军第三次犯湘，围攻常德50日之久，常德及南华醴安各县大遭蹂躏，委员会决定于常德、南县各设服务站，此为美国援华救济联合会湖南农村重建服务处最早办理的业务。不久南县沦陷，常德告急，湘中湘南各县大半沦入敌手，援华会在湘工作遂告停歇，处址由益阳迁往安化东坪。迨日军投降，援华会湖南农村重建服务处于1946年1月得以恢复，处址迁往长沙，依照抗战期间拟定的计划进行工作。①

美国援华救济联合会在湖南的组织机构，依工作大纲规定："办理湖南农村重建工作事宜，援华会随时派人视察，并设托湖南国际协济会就近监察协助。"湖南农村重建委员会设于长沙东门修业校董会内，由湖南国际协济会推选4人，修业学校推选7人，共11人组成，委员会系议事组织机构，负领导、计划、监察、指导之责，而湖南农村重建服务处系委员会执行机关。委员会和服务处不相隶属，各行其责，但一切的决议和计划，均需"呈报湖南省建设厅备案"②。抗战胜利后，援华会的工作区域主要集中在湘北地区。因战时"长沙沦陷一年又三月，城郊及麓山附近受灾特惨，应灾民之请求"，服务处于1946年4月设立长沙服务站；考虑到战时国军扼守岳阳7年之久，同年9月，委员会设立岳阳服务站；加上抗战期间委员会设立的常德和南县两个服务站，援华会在湖

---

① 湖南省政府社会处：《美国援华救济联合会湖南农村重建工作概况》（1947年），湖南省档案馆馆藏，档案号：A35/1/35/1。

② 湖南省政府社会处：《美国援华救济联合会湖南农村重建工作概况》（1947年），湖南省档案馆馆藏，档案号：A35/1/35/82。

南农村共有服务站四处，其工作区域"常德为上德善卷两乡，南县为昭明仁义协安三乡，长沙为望岳一乡，岳阳为青岗超奎两乡"。①各站组织合作社，统一编制善后救济对象，"常德站组保合作社14社，社员2001人，南县站组保合作社23社，社员1997人，长沙站组保合作社11社，社员937人，岳阳站组保合作社7社，社员651人，共计56社，社员5586人"，社员入社的条件为"受灾农民；有耕种能力无不良习惯者；有贷款信用者"②。

援华会委托修业学校办理湖南农村重建工作事宜，一是考虑到修业学校办学实力和校长名望，"四十余年的历史成绩优秀，其师生具有勤苦耐劳实事求是之精神"，校长彭国钧为湖南教育界名宿，时任中央监察委员会委员、湖南省参议员；③二是修业学校"距湘北灾区较近"，师生均专习农业及农村合作科目，"农村工作，由农事教育机构负责，业务上较为便利"，亦可为学生提供实践的机会；三是可以简化工作流程，"美国社会人士募得之款，非由政府拨给者，交由私立学校办理，手续认为简单"④。

---

① 湖南省政府社会处：《美国援华救济联合会湖南农村重建工作概况》（1947年），湖南省档案馆馆藏，档案号：A35/1/35/4。
② 湖南省政府社会处：《美国援华救济联合会湖南农村重建工作概况》（1947年），湖南省档案馆馆藏，档案号：A35/1/35/7。
③ 湖南省政府社会处：《美国援华救济联合会湖南农村重建工作概况》（1947年），湖南省档案馆馆藏，档案号：A35/1/35/123。
④ 湖南省政府社会处：《美国援华救济联合会湖南农村重建工作概况》（1947年），湖南省档案馆馆藏，档案号：A35/1/35/1。

关于援华会在湖南农村投入的经费，"由援华联合会捐助，并得洽请银行贷款暨有关机关协助"，因服务处在农村办理贷款及存款业务，乃有息金及实物盈余收入；服务处预算按期编送委员会审查，并函报援华会总部备案。[①]

二、美国援华救济联合会在湖南农村开展的主要活动

美国援华救济联合会在湖南农村开展了一系列善后救济与重建工作，其间既有民生方面的建设，也有教育卫生方面的建设。

第一，美国援华救济联合会在湖南农村办理业务采取将"救济"与"善后"相结合的方针，并以"善后"为根本目的，配合了战后湖南省政府的农村重建工作。战后的湖南农村社会"耕牛被杀十之八九，猪羊鸡鸭，宰食殆尽，农民即使侥幸逃出命来，而养命的口粮却也损失殆尽"[②]，百废待兴。援华会将"救济"任务摆在第一位，一是修建住房以解决农民的"房荒"，二是办理农业急赈以安定农村社会秩序，三是兴修水利以保障农田安全。

首先是住房急赈。战后长沙"整天闹着住房的恐慌和纠

---

① 湖南省政府社会处：《美国援华救济联合会湖南农村重建工作概况》（1947年），湖南省档案馆馆藏，档案号：A35/1/35/106。
② 特约记者：《谷仓边缘的饥馑》，《观察》1946年第1期。

纷，仅存的屋宇都有人满为患，如是一般归来的难民，都觉得家乡变成了'寸金之地'"①，"房荒"成为战后影响湖南城乡社会秩序的重要因素。援华会湖南农村重建服务处于各地服务站开展住房修建工作。常德服务站贷款上德乡第三保社社员龚文卿、龚英、龚芳训，修建其遭破坏的房屋，建房三栋，"三家大小男女三十二人，赖以家居"；岳阳新墙河岸"居民皆以芦苇结屋为室"，岳阳服务站以赈款270万元，"修房屋一栋为保仓并为垸之小学校舍，不一月而全部建成"②；长沙服务站转请救济总署湖南分署配合，为望岳乡第一保社望城坡营建贫民住宅，"修平民住宅三楹，共五十三间，共迁居平民二十二户"③；南县服务站"待救济者当在一千五百人以上，本处拟为修造房屋二百栋"④。服务站综计修复住房200余处，使许多无家可归的农民重返家园。

其次是农业急赈。一是办理农具贷款和发放农具。"水车犁铲锄头等，皆为农村急需之工具，量力举办者有南县、岳阳两站"。南县站"举办农具贷款125万元，分贷社员51人"，并向农民发放"牛车1部，四人水车15部，三人水车5部"；

① 余籍传：《湖南的善后救济工作——一面计划，一面实施》，《湘灾导报》1945年第1期。
② 湖南省政府社会处：《美国援华救济联合会湖南农村重建工作概况》（1947年），湖南省档案馆馆藏，档案号：A35/1/35/17。
③ 湖南省政府社会处：《美国援华救济联合会湖南农村重建工作概况》（1947年），湖南省档案馆馆藏，档案号：A35/1/35/21。
④ 湖南省政府社会处：《美国援华救济联合会湖南农村重建工作概况》（1947年），湖南省档案馆馆藏，档案号：A35/1/35/88。

岳阳站"办理农具贷款 600 万元，分贷复兴乡各保社社员"，并提供水车 40 部，新西兰式犁头 60 套，铁铲 75 把。①二是肥料贷款。援华会采取两种方式，"一则贷款社员，听其自购，本处但负监督之责；二则由本处派员会同各社购买枯饼或石灰，配贷社员，监督其使用。前者各站均先后办理，后者于常德、长沙两站实行"②。截至 1947 年 4 月，常德站先后为社员提供肥料贷款 4 次，南县站贷款 3 次，长沙站贷款 2 次，贷款总额达 8560 万元。③三是贷出耕牛。沦陷期间，湖南农村的耕牛损失重大，复员后，物价波动，牛价日昂，"远非农民自身力量所能购买，故有数家合用一牛，或出高价向远隔数十里之亲朋租牛者，甚至用人力代牛拖犁情形"④。服务处调查岳阳站四保二坑 843 户，"自有耕牛一头者 75 户，二家合用耕牛者 87 户，三家合用一牛者 65 户，四家合用一牛者 87 户，无牛者 236 户"，服务处根据社员申请，1946 年 1 月至 1947 年 3 月，先后于四处服务站贷出耕牛 138 头，又随母牛购入犊牛 11 头，繁殖幼牛 37 头，服务处共有大小牛 186 头，平均每 10 人

---

① 湖南省政府社会处：《美国援华救济联合会湖南农村重建工作概况》（1947 年），湖南省档案馆馆藏，档案号：A35/1/35/46。
② 湖南省政府社会处：《美国援华救济联合会湖南农村重建工作概况》（1947 年），湖南省档案馆馆藏，档案号：A35/1/35/40。
③ 湖南省政府社会处：《美国援华救济联合会湖南农村重建工作概况》（1947 年），湖南省档案馆馆藏，档案号：A35/1/35/74。
④ 行政院善后救济总署湖南分署：《行政院善后救济总署湖南分署业务总报告》（1948 年），湖南省档案馆馆藏，档案号：A77/1/23/5。

申请贷牛1头，受益农民达2000余人。[①]以上农赈工作，安定了农村社会秩序。

再次是兴修水利。服务处积极注意水利工作之推进，常德站上德乡第二保社所辖农田1800亩，常桃会战，长堤掘决没，1946年1月，由当地农民自筹资金50万元，服务站贷款70万元补修，"每年可收获稻谷8100余石"；南县站协安乡三十四保社一内湖"因原有出水道不能排水，水位日高，淹没农田13900亩，受灾人口5462人"，1946年春，服务站贷款140万元，设置石泸排水，疏通河道，"被淹农田可以全部复耕，收效甚大"；南县站昭明乡第一保社清理了原有的淤塞水道，并"装置水泵，引河水灌田2780亩，岁可产稻谷11100石"；南县站仁义乡受益农田35200亩，岁可收稻谷128800石；长沙站望岳乡"综计修复塘坝136口，贷款410000元，复修后灌溉农田9288亩，岁可收获稻谷35000余石"[②]。以此为农民耕作提供了一个相对稳定的环境。

截至1947年7月30日，服务处提供"救济"贷款总共69134750239元，其中，造屋贷款700万元，农具贷款1820万元，肥料贷款8560万元，耕牛贷款1.564亿元，兴修水道、塘

---

① 湖南省政府社会处：《美国援华救济联合会湖南农村重建工作概况》（1947年），湖南省档案馆馆藏，档案号：A35/1/35/86。
② 湖南省政府社会处：《美国援华救济联合会湖南农村重建工作概况》（1947年），湖南省档案馆馆藏，档案号：A35/1/35/47。

坝、河堤等工程贷款44003400元。①

为了更好地开展全国范围的善后救济工作，行政院善后救济总署提出"寓救济于善后工作之中"，署长蒋廷黻强调要处理好救济与善后的关系，"救济本身并不能解决我们的经济问题"，"我们的出路不在救济而在建设"②；从长远看，必须通过提高农民的生产能力，实现生产自救，使得农民自食其力。战后湖南省政府主席王东原组织湘省开展了社会"自救互救运动"③，他认为"建设之首要在民生"，而"民生之基础是民生主义之经济建设"，"根据富而后教，衣食足然后知礼仪的原则，必须提高生产建设，改善人民生活"④。援华会积极配合湖南省政府的战后社会重建理念，提出其农村重建"旨在发展农民自给与互助精神，以树立农民自立合作之稳固基础"，特别注意"生产改进策略"，采取以工代赈与推进合作组织的工作方式。⑤

所谓"以工代赈"，即"一面从事难民抢救，一面使难民参加善后建设事业，以期善后与救济并举"⑥。美国援华救济

① 湖南省政府社会处：《美国援华救济联合会湖南农村重建工作概况》（1947年），湖南省档案馆馆藏，档案号：A35/1/35/76。
② 蒋廷黻：《干什么，怎么干》，《行总广东分署周报》1946年4月3日。
③ 王东原：《王东原退思录》，正中书局，1992年，第110页。
④ 王东原：《湘政之回顾：王主席在省参议会第3次大会施政报告》，湖南省政府新闻处编印，1947年6月17日。
⑤ 湖南省政府社会处：《美国援华救济联合会湖南农村重建工作概况》（1947年），湖南省档案馆馆藏，档案号：A35/1/35/120。
⑥ 《行政院善后救济总署总报告》，行政院善后救济总署编纂委员会发行，1948年，第18页。

联合会湖南农村服务处举办以工代赈事业。长沙服务站望岳乡各保社经调查，需修复的塘坝有144处，雇工42887人，按工赈办法"每工配食粮2市斤，共需粮43吨"，电请湖南分署拨发工赈所需食粮，"即日开工"[1]；常德站上德善卷两乡房屋大半遭毁，服务站转请救济总署湖南分署常德储运站拨发工赈物资，加以修复[2]；岳阳站自强乡（原超奎乡）以工赈方式修复塘坝"共耗土工19143个，石工404个，木工28个，贷款1125万元，赈款1051万元，受益田9209亩"[3]；岳阳服务站协助灾民开垦新墙河岸，"每工工赈款1000元，计12827个工，实放赈款12827750元"[4]。以工代赈的方式，使受济者靠自己劳力，换取生活的需要，并由此获得了谋生就业的基础，达到了"寓善后于救济"，以"善后"为根本目的的效果。

注重合作社组织之推进，是美国援华救济联合会在湖南农村办理"善后"的另一重要措施。援华会湖南农村重建工作的基层组织是合作社，合作社欲谋发展，"必须从自力更生方面，寻找出路，以扶掖其成长"[5]。各合作社在援华会的指

---

① 湖南省政府社会处：《美国援华救济联合会湖南农村重建工作概况》（1947年），湖南省档案馆馆藏，档案号：A35/1/35/101。

② 湖南省政府社会处：《美国援华救济联合会湖南农村重建工作概况》（1947年），湖南省档案馆馆藏，档案号：A35/1/35/137。

③ 湖南省政府社会处：《美国援华救济联合会湖南农村重建工作概况》（1947年），湖南省档案馆馆藏，档案号：A35/1/35/59。

④ 湖南省政府社会处：《美国援华救济联合会湖南农村重建工作概况》（1947年），湖南省档案馆馆藏，档案号：A35/1/35/60。

⑤ 湖南省政府社会处：《美国援华救济联合会湖南农村重建工作概况》（1947年），湖南省档案馆馆藏，档案号：A35/1/35/60。

导下，分别因地因时，推进各专业业务。常德站上德善卷两乡，"均产棉，本处拟创设棉花厂，资金一百万元"①。服务站将棉花销售后所得纯利润中"提百分之二十为奖金，"分别对社方职员、社员和处站职员进行奖励，②提高了员工的工作积极性。南县站兴办蔗糖产销社，"南县土质肥沃，种糖甚为可宜，提倡种植可以改善农村经济"，一方面"派员赴有关产糖地区参观种蔗制糖方法"，另一方面"购办小型制糖机械"，办理业务的资金一部分由服务站贷予，另一部分则采取吸纳民股的办法。③长沙站望岳乡为柑橘主要产地，针对该乡"所植均为大红袍，品种味涩，多籽儿不耐储藏，难以争利市场"的现状，该乡合作社因地制宜，"选择温州蜜橘品种，渐谋改进"，并设置生产部"办理垦荒植橘事宜"，裨益民生。④常德站上德乡合作社还办理了食盐及日用品销售等业务。⑤各服务站的合作社均进行了生产策略的调整，兴办了各自的优势业务，其兴办的乡村工业，均为湖南其他农村地区起到了示范性作用，促进了湖南各地乡村工业的现代化进程。以上种种

① 湖南省政府社会处：《美国援华救济联合会湖南农村重建工作概况》（1947年），湖南省档案馆馆藏，档案号：A35/1/35/87。
② 湖南省政府社会处：《美国援华救济联合会湖南农村重建工作概况》（1947年），湖南省档案馆馆藏，档案号：A35/1/35/132。
③ 湖南省政府社会处：《美国援华救济联合会湖南农村重建工作概况》（1947年），湖南省档案馆馆藏，档案号：A35/1/35/142。
④ 湖南省政府社会处：《美国援华救济联合会湖南农村重建工作概况》（1947年），湖南省档案馆馆藏，档案号：A35/1/35/142。
⑤ 湖南省政府社会处：《美国援华救济联合会湖南农村重建工作概况》（1947年），湖南省档案馆馆藏，档案号：A35/1/35/61。

都配合了战后湖南省政府的农村重建事业。

第二，美国援华救济联合会在湖南将农村工作与地方自治相结合，注重民众的启蒙、农村风俗的改良和农民科学意识的养成。

湖南省政府主席王东原提出"重点政治"的口号，在县乡一级发起了革新政治的"县乡示范运动"，他认为今后的政治重点必须转入下层，为国家政治树立良好的基础，[①]县乡示范运动目的是促进地方自治，是一种广泛的基层政治改造工作。为此王东原针对各地区环境与条件的不同，就近请地方人士参加，取其意见，有沟通民情之效。[②]援华会响应湖南省政府的意见，将落脚点放在地方自治的推进上，将"农村工作与合作事业之推行，均与地方政治及人民知识相配合"，援华会认为，"地方政治为宪政实施的先决条件，今宪法公布，地方自治工作尤当兼程并进，本处工作区域，于救济业务外，如教育、卫生、交通、治安等地方自治工作，尤当与有关机构取得密切联系，通力合作，组训农民"，从而达到"新农村建设"这一宏大目标。[③]

首先，推行地方自治的第一要务是启蒙民众，兴办学校和推广教育必不可少。战后湖南农村存在着大量"教育饥荒"的现象。岳阳站调查指出："青岗乡第一保纵横十余里，不仅

---

① 王东原：《王东原退思录》，正中书局，1992年，第98页。
② 王东原：《浮生简述》，传记文学出版社，1987年，第121页。
③ 湖南省政府社会处：《美国援华救济联合会湖南农村重建工作概况》（1947年），湖南省档案馆馆藏，档案号：A35/1/35/2。

无一国民学校，即私塾亦无一所，其间多数儿童能日语而不识本国文字，言之可为痛心。"①岳阳站利用赈款和捐助资金修建余姚垸保校一所，"计建筑可坐六十人教室一间，教员室三间，礼堂食堂一间"；长沙站于1946年11月捐助其所辖望岳乡中心学校设备费50万元，修葺校舍费50万元，又为该学校增添办公、教学及体育用具；服务处还为长沙站第四保国民学校购置油印机一部，并"修葺校舍，增开窗户，今已焕然一新"②。援华会认为，农村重建工作的目标的实现，关键取决于"人民知识之提高"。推广民众教育，开展民众文化启蒙，成为服务处办理的重要项目。服务处每月分别拨款30万元给各服务站用于民众教育事项，工作由各站站长、干事负担并邀请地方热心人士参与。实施的办法有多种：一是识字运动，"如儿童半日学校及小先生挨户教学等"；二是"壁报三日或五日一张，摘录国内外新闻暨地方要闻、各该站公告等"；三是邀请地方士绅名流讲演，"如地方有何集会，合作、卫生、教育、农业"等内容；四是根据工作区域添设书报阅览场所；五是增设"流动书车或巡回文库"；此外还举办巡回施教计划等。③服务处为使社员对于合作社有真正的认识，

① 湖南省政府社会处：《美国援华救济联合会湖南农村重建工作概况》（1947年），湖南省档案馆馆藏，档案号：A35/1/35/73。
② 湖南省政府社会处：《美国援华救济联合会湖南农村重建工作概况》（1947年），湖南省档案馆馆藏，档案号：A35/1/35/74。
③ 湖南省政府社会处：《美国援华救济联合会湖南农村重建工作概况》（1947年），湖南省档案馆馆藏，档案号：A35/1/35/138。

"尤注意于合作常识之灌输"，1946年8月，服务处编印《合作要义》小册一千本，"分发各社社员阅读，每五人或三人一本，以为训练社员资料"①；服务处还办理主妇讲习所平民夜校，以"训练主妇增进生活知识"②。

其次，推行地方自治致力于建设新农村，而建设新农村就要改良农村的风俗。一方面要改进农村的卫生事业，另一方面要革除农村存在的一些遗风陋俗。战后湖南农村医药奇缺，援华会派人观察，"岳阳站青岗乡第一保社不独无西医，且数十里间无一中医，人民有疾，则利用当地某朝之'杨师将军'发符求之，其危险可怜，于此足见一斑，若长沙、南县虽无如此之严重，然亦需要改进"，服务处积极筹集医疗药品以赈济灾民，申请多方求助。在岳阳县政府帮助下，"青岗乡第十保先后领取奎宁丸一千三百颗"，"散诊患疾灾民二百余人"③，湖南省卫生处也派遣卫生队赴岳阳站协同工作；④服务处于长沙站设立望城坡卫生所，省卫生处派遣医药师前往指导，省红十字会亦拨发药品器材给予资助。⑤针对战后爆

① 湖南省政府社会处：《美国援华救济联合会湖南农村重建工作概况》（1947年），湖南省档案馆馆藏，档案号：A35/1/35/10。
② 湖南省政府社会处：《美国援华救济联合会湖南农村重建工作概况》（1947年），湖南省档案馆馆藏，档案号：A35/1/35/19。
③ 湖南省政府社会处：《美国援华救济联合会湖南农村重建工作概况》（1947年），湖南省档案馆馆藏，档案号：A35/1/35/74。
④ 湖南省政府社会处：《美国援华救济联合会湖南农村重建工作概况》（1947年），湖南省档案馆馆藏，档案号：A35/1/35/126。
⑤ 湖南省政府社会处：《美国援华救济联合会湖南农村重建工作概况》（1947年），湖南省档案馆馆藏，档案号：A35/1/35/79。

发的瘟疫，服务处也采取相应措施减少疫情造成的损失，如
1946年长沙望岳乡猪瘟流行，"本年6月至7月20日，因猪瘟
死亡之猪已达66%，瘟猪售价低贱，每百斤损20万元；望岳
乡4764户，养猪38112头，以此推算，全乡则损失百余亿元
以上"，服务处为此"电请援华会配发药品，会同湖南省农业
改进所合组家畜防疫站，办理家畜保险"，又建议省建设厅恢
复血清制造厂，以保证"能经常供给防疫药品"①。针对农村
存在的遗风陋俗，援华会以科学的管理方法，推进各站各保
社的风俗改良运动。以住宅管理为例，社区开始纳入专门人
员管理，"第一保合作社组设公用部，设部主任一人，每舍设
舍长一人襄理之"，"指派干事兼任该部生活指导员，专负住
宅规律生活之训练，室内外整洁之检查"；关于社区居民应遵
守的约束也出台了明细，"举凡公物管理，公共过道及厕所之
打扫清洁，蓄水池之注水更换，火险之防护，纠纷之调处，
公共秩序之维持，房舍之修葺，均系分别规定"；又颁布住宅
规约十条，注重农民文明习惯的养成，如规定"晨起晚睡，
均照合作社规定时间"，社员之间强调邻里和谐，"不得播弄
是非，互相吵闹"，社员应该讲求卫生，"遇有传染病时，设
法隔离"，社员应自觉维持社区秩序，"严防火烛及贼盗小人；
不得贩卖及私藏违禁或有危险性物品"，社员自觉革除不良嗜

---

① 湖南省政府社会处：《美国援华救济联合会湖南农村重建工作概况》(1947
年)，湖南省档案馆馆藏，档案号：A35/1/35/136。

好，"不得有牌赌等不正当娱乐"行为等。①这些措施的实行都有助于改良农民的精神面貌，提高农民的觉悟和素质，从而营造良好的乡村文明环境。

再次，推行地方自治应注重农民科学意识的培育，使得科学的精神和方法深入基层社会。以耕牛的使用为例，援华会制定了科学的使用条例。其中对于母牛应合理使用，母牛发情时，"贷户须选定适当公牛交配，不得延误致防止子牛繁殖"；受孕母牛"每日使用不得超过六小时，受孕七月后每日使用不得超过四小时"，"如因过度使用或饲养不周导致母牛流产，贷户须负赔偿之责"；关于耕牛使用周期，"耕牛使用三日休息一日，使用期间并须喂以消化之饲料"；生病的耕牛，"贷户应随时报站诊治，不得隐匿"，"无论病状如何，均须停止使用"；对于"患急性传染病而死亡之牛肉"不得购买食用。②为了激发社员科学使用耕牛的热情，各站组织了"耕牛竞赛"，以提高"对公有牛爱护之心及其饲养管理之竞争心"，并邀请当地政府及地方士绅"组成品评会，评定优劣分别奖戒"③。从美国引进的一系列科学方法在当时的中国农村社会尚属于新鲜的事物，有助于农业的改良和进步。

---

① 湖南省政府社会处：《美国援华救济联合会湖南农村重建工作概况》（1947年），湖南省档案馆馆藏，档案号：A35/1/35/19。
② 湖南省政府社会处：《美国援华救济联合会湖南农村重建工作概况》（1947年），湖南省档案馆馆藏，档案号：A35/1/35/112。
③ 湖南省政府社会处：《美国援华救济联合会湖南农村重建工作概况》（1947年），湖南省档案馆馆藏，档案号：A35/1/35/139。

最后，推行地方自治以兴办特色的乡村工业，谋求细胞单位经济供给的独立，从而奠定地方自治所需要的经济基础。长沙站望岳乡第一保社社员109人，作为经济细胞单位，其自行开办的业务分设信用、生产、公用、消费各部，"公用部暂以住宅水井业务为主，生产部则办理各项小本手工业，如纺织、缝纫等，消费部则经办社员日常必需品，如油、盐、米、柴、煤等，信用部则办理小额存款放款等"，并发动社员每月储金2000元，以养成储蓄习惯。①只有实现基层组织经济自给，才能构建稳定而持久的地方自治环境。

三、对美国援华救济联合会湖南农村重建工作的评价

美国援华救济联合会在湖南农村办理重建工作取得一定成效的同时，也存在着若干的局限性。

首先，美国援华救济联合会在湖南农村开展重建工作的区域范围小，力量弱，资金少。援华会在湖南农村办理业务的范围仅囿于长沙、常德、南县、岳阳4个城镇，准确地说，其工作区域又仅仅局限于上述4个城镇中的8个乡，组保合作社的农民仅有5586人，其工作区域之于整个湖南省而言，范围不广，也确如援华会自己所述，"但就工作区域之灾民，实

① 湖南省政府社会处：《美国援华救济联合会湖南农村重建工作概况》（1947年），湖南省档案馆馆藏，档案号：A35/1/35/61。

有杯水车薪之感，灾区汲身绠短，徒唤奈何"①；援华会下设的委员会及服务处办理业务的能力有限，力量也相对弱小，更多的是寻求与湖南省政府和救济总署湖南分署等官方机构的合作。观察援华会在湘办理业务来往的文电及开会记录等，多涉及其转请救济分署及省政府合作的内容，如前文所述，服务处办理工赈项目时，多请救济分署拨发工赈开支；"联总"运赠湖南乳牛800头，由救济分署受理，经服务处申请，救济分署拨给修业学校15头乳牛；②岳阳站调查了青岗、超奎两乡灾情，其自身重建灾区的条件并不具备，而是将调研情况反馈救济分署，由救济分署拨发救济款资助灾区重建；③为改进岳阳站新墙河沿岸的农田水利，服务处也电请救济分署"配发本站抽水机八部及小型农业机械等，以利农田而维持生产"④；服务处在湘办理业务的资金缺乏，因其仅有少部分来源于援华会在华办事处的直接捐赠，更多的是通过湖南中国农民银行的贷款支持，并办理存贷业务，而"复员后百端待举，农行应接不暇，即日贷款协助，亦为数不多"⑤，使得服

---

① 湖南省政府社会处：《美国援华救济联合会湖南农村重建工作概况》（1947年），湖南省档案馆馆藏，档案号：A35/1/35/2。
② 行政院善后救济总署湖南分署：《行政院善后救济总署湖南分署业务总报告》（1948年），湖南省档案馆馆藏，档案号：A77/1/23/144。
③ 湖南省政府社会处：《美国援华救济联合会湖南农村重建工作概况》（1947年），湖南省档案馆馆藏，档案号：A35/1/35/127。
④ 湖南省政府社会处：《美国援华救济联合会湖南农村重建工作概况》（1947年），湖南省档案馆馆藏，档案号：A35/1/35/137。
⑤ 湖南省政府社会处：《美国援华救济联合会湖南农村重建工作概况》（1947年），湖南省档案馆馆藏，档案号：A35/1/35/2。

务处经济开支较为紧张。因此，服务处对于官办力量的依赖性较强，独立开展业务的积蓄不足。

其次，不少工作方案仅停留在文本的计划之中，未能全部如期落实。依照《美国援华救济联合会农村重建实验计划》，其内容应该包括"社会服务（运输服务、调节服务、医药施济、重建必需用品供给合作），贷放款项（谷物与其他生活必需品暂渡难关、改良种子、必需工具与耕畜、修建简单住宅、举办副业、挖井掘地筑壕），以工代赈以举办小型工程（建筑堤岸、浚河、工地改造、造林）等"①；而援华会实际落实的项目恐"不皆如期实现也"②。抛开实施效果，依前文所述，真正实施的计划只有不足原大纲二分之一。不仅一些项目的策划只是一纸空文，就连一些在建项目有时也不得不因各种因素而搁浅，如长沙站、南县站针对工作区域内教育落后的现象，曾向服务处提交新建学校的申请，但服务处却终因财力有限，未能如愿全部建成，半途而废；③岳阳站新墙河岸的开垦土地计划，也"卒以人力缺乏，致垦荒过度，未达预期效果"④，其种植的蔗糖棉花也因"突遭洪水破垸，蔗

① 湖南省政府社会处：《美国援华救济联合会湖南农村重建工作概况》（1947年），湖南省档案馆馆藏，档案号：A35/1/35/120。
② 湖南省政府社会处：《美国援华救济联合会湖南农村重建工作概况》（1947年），湖南省档案馆馆藏，档案号：A35/1/35/2。
③ 湖南省政府社会处：《美国援华救济联合会湖南农村重建工作概况》（1947年），湖南省档案馆馆藏，档案号：A35/1/35/73。
④ 湖南省政府社会处：《美国援华救济联合会湖南农村重建工作概况》（1947年），湖南省档案馆馆藏，档案号：A35/1/35/59。

棉损失殆尽，数月经营，毁于一旦"①。

再次，战后动荡的社会环境使得美国援华救济联合会在湖南工作的组织机构于无形中解体。抗战胜利后的中国虽然一度呈现了民主宪政的和平前景，但是战后的中国政治实为三国四方（中美苏三国、国共美苏四方）复杂势力的纠葛。随着美苏冷战环境的加剧，国共两党也开始走向对立，中国社会刚刚起步的各项现代化事业不得不因内战的爆发而中断。美国援华救济联合会虽然属于美国民间团体组织，但由于其创办人亨利·卢斯与蒋介石有着良好的个人关系，其组织在一定程度上也受到扶蒋反共政治倾向的影响。②战后湖南匪患不断，乡村社会环境动荡不已。援华会在湘办理的业务，早于1947年6月前后就停止了，其在湘的组织机构也无形中解体。

不过，美国援华救济联合会于湖南农村开展重建工作历时一年半，应当说是美国人民人道主义精神、慈善理念的一种彰显，构成了抗战胜利后中美关系史上鲜为人知的一个侧面。

美国援华救济联合会是美国的民间团体，在湘省农村办理重建工作充分彰显了美国人民的国际主义胸怀。援华会秉承"能救一人即救一人，能救一村是一村"的信念，在其工作区域，"因时因地，积极推行，不求范围之广大，但愿实惠

---

① 湖南省政府社会处：《美国援华救济联合会湖南农村重建工作概况》（1947年），湖南省档案馆馆藏，档案号：A35/1/35/76。

② 美国援华救济联合会在华办理工作区域有河南、江西、浙江、广东、福建、湖南、广西、湖北等8个省区，均属国统区范围，其未在共产党所辖的解放区办理过业务。

及人，俾受灾之农民得以改善其生活焉"①。长沙站望岳乡第
一保社望城坡村民在援华会的帮助下修建了住房，特于当地
刻碑文以示感激："……望岳乡蹂躏特惨，庐舍丘墟，田园芜
秽……本处因盟友之援助，于乡设站组社救济……本处拨款
八百万元以益之，并组保社以辅助其生活焉，二月动工修建，
四月落成，平民欣然居之……生机日旺，将不知昔日日兵蹂
躏之惨也"②。南县站仁义乡村民受益于援华会补修"南县县
城至小由洲沿河长十二华里之堤"，村民特刻"美国援华救济
联合会湖南农村重建服务处南县服务站贷款协修"之字样石
碑，并将其"竖立堤端，以志谢意"③。尽管援华会在湖南办
理工作的力量有限，但其"斟酌人力财力，制订工作范围，
切忌好高骛远，只求确实成效，即力量务求集中"④，如前文
所述，其工作还是取得了一定成效，惠及了其工作区域所辖
的村民。

在战后中美关系中，既有美国政府帮助蒋介石打内战、
扶蒋反共的一面，又有美国民间的人道主义精神发扬的一面：
促进战后中国社会的恢复和发展，注重民众的启蒙和教育，

---

① 湖南省政府社会处：《美国援华救济联合会湖南农村重建工作概况》（1947
年），湖南省档案馆馆藏，档案号：A35/1/35/2。
② 湖南省政府社会处：《美国援华救济联合会湖南农村重建工作概况》（1947
年），湖南省档案馆馆藏，档案号：A35/1/35/20。
③ 湖南省政府社会处：《美国援华救济联合会湖南农村重建工作概况》（1947
年），湖南省档案馆馆藏，档案号：A35/1/35/41。
④ 湖南省政府社会处：《美国援华救济联合会湖南农村重建工作概况》（1947
年），湖南省档案馆馆藏，档案号：A35/1/35/72。

对中国现代化进程起着示范和推动作用。慈善无国界和种族之分，美国民间慈善这一股力量在战后中美关系中的地位值得关注。

由于美国援华救济联合会在湘开展工作的范围小，力量弱，资金少，许多计划未能如期落实；援华会驻华办事处在战后湘省农村工作中主要扮演指导、监督的角色，并未实际参与到具体的建设中来，而是委托修业学校承办其业务，执行其计划；援华会充其量只是制定工作大纲，给予方针指导，并派遣人监督，提供资金援助及贷款业务。慈善分为物质慈善和精神慈善两大层面，援华会之于湖南农村重建工作的贡献，物质慈善仅是很小的部分，更多地体现为一种精神层面的慈善性质，更为主要的意义是美国民间对于人道主义、国际主义慈善理念的发扬。

（本文与钟声教授合作撰写；合作者钟声，湖南师范大学历史文化学院院长、教授、博士生导师）

近代中国妇女儿童史研究

"娜拉"走后会怎样：
母亲角色与女性角色的分离及重构[*]

　　五四新文化运动以来，"娜拉"们走出家庭，来到校园，走向社会，知识女性与劳动妇女经历的顿挫与困厄，演绎着近代中国妇女解放进路上的历史摆荡。《女子月刊》主编黄心勉以牺牲母职为代价，为追求人生事业的进取而英年早逝。南京国民政府上海教育厅工作者绿萍为平衡"家事"与"职业"的关系，一方面聘请乳娘照料孩子，另一方面其女性亲属及丈夫也共同参与育儿，使她脱离了琐碎家务的羁绊，从而实现了女性价值与社会价值的合一，并探索出建构民国时期家庭福利的经验模式。女作家苏青敏感地意识到男性话语权的隐形控

---

*　本文与彭雨宸合作撰写。

制，为冲破女性角色之于社会角色的藩篱与桎梏，她在表达母性书写的同时，通过争取经济自主权确立了女性主体性身份。至于广大普通女工，则因由工作时间长、工资薪酬少等因素，挣扎在生存的温饱线上，无暇顾及儿童的科学教养问题。由此可见，母亲角色与女性角色分离后的重构，既需要发挥女性本人的主观能动意识，也离不开客观条件即妇女福利与社会保障事业的支持。

全面抗战爆发初期，由于全国各阶层、各党派一致对抗日本帝国主义的需要，不少妇女在民族解放的旗帜感召下投身抗战工作，"妇女回家"的论调一度退出主流舆论场。值得注意的是，随着抗战进入相持阶段，国共政争日趋微妙化，国民党试图控制全国妇女运动，再次炮制一系列"妇女回家"的言论。例如，1941年1月，国民党中央组织部召开全国妇女运动干部会议，主张为国民党"生育更多的孩子"。"回家做贤妻良母"等复古论调卷土重来，1940—1942年间思想界第二次掀起了"妇女回家"论争的热潮。①

"娜拉"走后究竟如何？尽管她们拥有女性主义的反叛姿态，但在民国时期的父权制社会里，她们是否在体验浪漫主义的"出走"后，又将经历现实主义的孤立无援？指出问题大抵是比解决问题更加容易的。女性如果想要避免鲁迅"不是堕落，就是回来"的预言，唯有争取经济独立，建构性别角色的主体意识。"梦是好的，否则，钱是要紧的"，鲁迅认识到，梦虽可以有，但只有梦而不顾一切地走出去，便只能做无谓的牺牲，这对于妇女解放与妇女发展实无益处。在近代中国妇女解放宏大叙事的背后，那些成立小家庭甚至成为母亲的女性，如何处理"母亲角色"和"女性角色"之间关系，是绝大多数两性平权意识觉醒的"娜拉"们必须面临的问题。本文选取黄心勉、绿萍、苏青三位知识女性为个案，

① 范红霞：《20世纪以来关于"妇女回家"的论争》，《山西师大学报》（社会科学版）2011年第6期。

并结合无产阶级劳动女工的生存实态，从微观与宏观两个层面出发，讨论20世纪30—40年代女性不同的人生抉择，分析她们的心路历程及当时的历史景观，精神和行动的突围之旅又会遇到哪些阻碍因素，并由此探究民国时期妇女运动进路中摇曳的历史摆荡。

二、《女子月刊》主编黄心勉：英年早逝的母亲悲剧

黄心勉是20世纪30年代上海知识女性的精英代表，与丈夫姚名达携手创办的女子书店，经营的《女子月刊》以及策划出版的《女子文库》，成为这座摩登都市盛极一时的文化景观。然而尽管黄心勉对于女性文化普及贡献颇多，但无法兼顾来自"母职"与"人职"双重负担。一方面，家庭育儿精力的牵扯，导致黄心勉体力过度透支；另一方面，外界出版环境的客观压力，促使各项工作捉襟见肘，最终她积劳成疾，去世时年仅33岁。

1903年，黄心勉出生于江西兴国县"山道崎岖，无车马之利"的贫苦农家，高小毕业后，父亲早逝，其邻县虽有中等学校，却不准女子入学，而全省只有一所女子师范学校，却远在七八百里外的省会南昌。因此，尽管黄心勉拥有强烈的升学渴望，但家庭经济条件的限制，她只能以女工维持生计。

至于黄心勉与姚名达的结合，原本只依男媒女妁成婚俗之礼，未料想二人却志同道合，"从来不曾一日不和，不曾一

语相加"。1925年，姚名达考入清华大学，逐渐拥有了撰文挣取稿费的自给能力，时逢赣县增设省立女子师范学校，外加姚名达父亲担任该校教员，这促成了黄心勉继续深造的外部条件。于是，她果断丢下刚出生的一对儿女，远赴他乡求学。然而这一时期既是黄心勉接受教育的转折期，也是她"家事"与"学业"矛盾的萌芽期。没过多久，两个孩儿纷纷染病并相继离世，黄心勉先是为救护之急，被迫辍学返家，尔后遭遇精神重创，"本来烦闷的内心，加上了一层悲愤"①。可以想见，女性迈出家庭之初需要走过的黑暗、羁绊与幽闭，在"母职"与"人职"的首次碰撞中，黄心勉以双重失败告终。

不过，来到大都市上海，为黄心勉开阔视野打开了一个新世界。1929年，姚名达受聘担任上海商务印书馆编辑，接妻子黄心勉来沪。虽说外部物质生活条件发生了重大变化，"突然间，从极僻陋的乡村，跳入极繁华的都会"，但这一切却丝毫未能动摇黄心勉朴素的生活方式，"布衣布鞋，不离其身。胭脂水粉，不沾其面。洗衣烧饭，不雇娘姨。育儿哺乳，不雇乳妈"，相反，她更注重节俭持家，"除补习学校的功课外，尤喜读妇女问题书籍"，以弥补逝去的求学光阴。②与此同时，黄心勉用功钻研后撰写的长文《中国妇女的过去和将来》刊发于《妇女杂志》，尤其是提出了妇女事业须具备的"智力，体力，经济力"三重要素，展现出惊人的创作天赋和

---

① 姚名达：《黄心勉女士传》，《女子月刊》1935年第3卷第6期。
② 姚名达：《黄心勉女士传》，《女子月刊》1935年第3卷第6期。

对女性解放问题的独特见解，为她日后走向更广阔的人生舞台提供了理论基础和思想准备。①

1932年，黄心勉与姚名达创办上海女子书店及《女子月刊》，这成为她社会事业迅速腾飞的新起点。在《女子月刊》的发刊词中，担任主编的黄心勉在办刊宣言中如是写道："我们的目的，只是想替天下女子制造一座发表言论的播音机，建筑一所获得知识的材料库，开关一个休息精神的大公园……我们除了家庭以外尚有许多应做的事业……我们应该服务于社会，尽忠于国家。我们应该为自身生活而努力，为人类文化而努力……把愚鲁的自己聪明，把痛苦的自己解放，把怯懦的自己健壮。"②可以看出，黄心勉所希冀的不仅是建立一个专门"为女子发声"的刊物平台，而且意在苏醒女性自主启蒙的意识，还须争取那些关心妇女福利问题的男性同胞的扶助支持，更要将女性主体性地位的成长与民族复兴的进步思潮密切联系在一起。然而理想主义虽是远大，但在多事之秋的民国时期，现实境遇却往往不如人意。

一是来自内部的办刊经济压力、人手不足、家务羁绊。一方面，为扩大影响力，惠及劳苦大众购阅，《女子月刊》的页码在不断增加的同时，定价却一再降低，这种片面追求社会效益而忽视经济成本的做法，导致杂志的市场营销面临入不敷出的亏损窘境。与此同时，女子书店还推出规模宏大的

① 徐柏容：《黄心勉：三十年代的女编辑出版家》，《出版史料》2005年第3期。
② 《发刊词》，《女子月刊》1933年第1卷第1期。

"女子文库"出版计划，"每一集内分十种丛书，每种各有十部，合成一百册……变成一样大小的版式"。然而他们的资金基础并不雄厚，出版经费均来自黄心勉夫妇"卖稿酬金"所得的血汗钱，加之从未将赚钱盈利纳入考虑范畴，还尝试开拓一些新的业务增长点，如增设"女子图书馆""女子奖学金""女子义务函授学校"等，难免存在急于事功的心态。另一方面，在《女子月刊》创刊的第一年，黄心勉为节约开支，未曾雇用一人，"无论什么事，自审查文稿，发出排印，校对，发行，登报，收账，通信，乃至包书，寄书，送书"，一切琐事皆是她个人亲力亲为。①尽管从第七期伊始，黄心勉外聘以郝李芳为代表的知识女性担任主编助理，又邀请谢冰心、黄庐隐、谢冰莹、冯沅君为"特约撰稿员"，或实行轮流"执行主编"制，转而突出强调"完全不是编者之力，乃是全体读者和各位作家之功"，但不难想见她经营女子书店和《女子月刊》的力不从心。②除此以外，值得注意的是，这一时期，黄心勉家中还有两个三四岁的孩子，她既无力雇用乳娘，且丈夫姚名达又因同时兼任暨南大学、正始中学、惠平中学、乐华女子中学等多校的教师，忙碌游走于各地讲学，无暇过问育儿事务。③况且黄心勉身体素质并不理想，此前还经历过丧子的打击，蒙受生理和精神的双重高压，皆不堪重负。

---

① 姚黄心勉：《女子书店的第一年》，《女子月刊》1933年第1卷第2期。
② 心勉：《本社充实战斗力》，《女子月刊》1933年第1卷第7期。
③ 姚黄心勉：《女子书店的第一年》，《女子月刊》1933年第1卷第2期。

　　二是来自外部环境的流言蜚语，以及政府的舆论高压管控。关于前者，不仅一些同行竞争者的嫉妒之声纷纷来袭，而且知识女性创刊、办书店，还成为男权社会物化的对象，被投射以污名化的"男性凝视"。有人或称她涂脂擦粉，或丑诋她是"缠过小脚的黄脸婆"，或有人本想来女子书店"饱餐秀色，猎艳而归"，却不曾料想书店门面简陋，既不摩登，又无妖艳的女茶房，只能扫兴而归，连呼"不像书店"。对此，黄心勉曾有过抱怨，辩解称书店和期刊除尽瘁女性文化事业外，"决无出卖女色，吸引顾客的卑鄙行为"，她们虽如此颇费心力地"为女子作智识上的服务"，但"仍旧是吃力不讨好，常常遇着不能忍受的污蔑和侮辱……现实的社会委实太恶劣了，我们的力量委实太薄弱了，而读者的爱护和本店又委实太诚挚了"①。关于后者，南京国民政府内政部、警察厅根据期刊检查条例，多次审查《女子月刊》的发稿内容，认为该刊存在"左倾"的错误思想倾向，如称第一卷第八期中"有宣传阶级斗争之文字，诸多欠妥"，亟需扣留与整改。②于是，杂志社陷入孤立无援之境地。其实，早在发刊和创设书店初期，黄心勉便屡屡解释，绝无任何政治主张及宗教信仰，唯所希望者便是传播女性文化，"使得我们同性有文章有地方发表，有怀疑有地方解决，想知道的学术有地方可以获得，想休息的时候有地方可以消遣"，只可惜"我们待人虽忠厚，

---

① 编者：《我们的悲伤和惶惑》，《女子月刊》1933年第1卷第5期。
② 心勉：《夹攻中的自白》，《女子月刊》1934年第2卷第4期。

对国家虽爱护，但国家社会所给予我们的是毁家失业"，因此喟然长叹，"我们几个创办人，是世界上最劳苦最忙碌又贫穷又不幸的人……甚至于不能保住其亲爱的母亲和弟弟"[1]。

黄心勉在家庭与职场之间疲于奔命，两度面临女性角色与社会角色的分离并陷入困境，遭遇典型的"母职惩罚"，忧郁愤懑，1935年5月4日病逝于上海西门妇孺医院，成了年轻一代妇女运动的不幸牺牲者。[2]从黄心勉的个体生命史中不难看出，民国时期知识女性办刊不易，甚至会招致人身攻讦的舆论纷扰，尽管她个人兼具才华与情怀，但毕竟独木难支。换句话说，在旧的社会制度未能发生根本性变革以前，女性事业若想取得进展，依旧步履维艰，近代中国社会更迫切需要的是建立一个对女性友好、促进女性发展的包容性环境。

三、教育工作者绿萍：亲属照料与家庭福利模式的建构

绿萍任职于南京国民政府上海教育厅，她的丈夫岐是中学英文教师。[3]1932年5月21日绿萍诞下大女儿长真并开始记录日记，持续至40天后产假结束。绿萍1934年5月21日重义起笔，此时长真已两岁，家中又添了一个于1933年12月7日

---

① 编者：《我们的态度》，《女子月刊》1933年第1卷第1期。
② 《黄心勉女士年表》，《女子月刊》1935年第3卷第6期。
③ 绿萍：《母亲日记》，女子书店，1935年，第48页。

出生的小女儿长颐。绿萍日记连载于黄心勉主编的《女子月刊》，后整理成书，取名为《母亲日记》，由黄心勉、姚名达创设的上海女子书店出版发行，同时入选"女子文库"。

《母亲日记》主要反映了绿萍这类女性在实现自我价值与社会价值之间的矛盾。尽管她拥有社会事业的进取之心，但抚育子女的过程难免伴随着精神羁绊。一方面，大女儿长真出生之际，她日记里流露出母性的光辉。她写道："你看，每个小孩子，论体力，都是柔弱得连小牛、小狗、小猫，都不当……为什么做父母却那样，辛辛，苦苦，甘心情愿的去抚养她；朝朝，暮暮，无微不至的去爱护她"[1]。另一方面，她在取舍"家事"和"职业"方面也充满挣扎。教育厅已催促她销假，"眼见休养的生活就要告一段落了，不过我那么终日在外，奔走视察，我将怎么样来哺养我的孩子呢？"[2]基于社会价值的认同，壮志未酬的她自然不甘舍弃岗位回归家庭，从此无声无息地沦为家庭主妇；而天赋的母职与天性的母爱，又促使她有着照料儿童的兴趣和责任，尤其是一般人传授她科学育儿的方法，婴儿期养育孩儿须培养好时间的习惯，"如醒睡的时间，哺乳的时间，大小便的时间"。她虽不忍心婴儿每每的啼哭，但追求社会价值的理性却无法容许她继续专心居家，"我的这份职务，却不能容许我把社会事业与抚育孩子

---

[1] 绿萍：《母亲日记》，第14页。
[2] 绿萍：《母亲日记》，第37页。

的责任双方兼顾"①。面对这种承担母职与社会理想之间的内在紧张，她几乎没有犹豫地选择了兼顾二者，采取的变通方式便是聘用乳娘哺乳。

雇用乳娘的做法毕竟减轻了绿萍在家庭事务中的压力，但她也不免流露出对于婴儿难以割舍的情感和愧疚。在和小女儿长颐解释日记中记载姐姐篇幅更多的原因时，绿萍谈及了没能陪伴大女儿长真的些许遗憾："然而又为了职务，终朝在外，不能时刻在摇床旁看护她。"②

幸运的是，在小女儿长颐出生后，她这种纠结的心境弱化了许多。除了同样为长颐雇用了奶娘，绿萍的母亲和嫂嫂也为她有效分担了照顾儿童的义务。对此，绿萍在日记里写道："外婆和舅娘都不放心，留你在家，帮助看护……你妈是个懒人，落得轻快些，所以便留你在外婆家住，姊姊大些，可以走路……奶妈还替我们烧饭洗衣……总算是你的福气。"③更重要的是，绿萍的丈夫岐也相对积极地参与到家庭育儿中来。长颐生病时，长真刚痊愈，外面又流行麻疹，绿萍缺少相关经验，只是慌乱，此时，"爸爸呢！时刻向医生那儿跑"④。可见，绿萍逾越了母亲一定要亲自照顾婴孩的传统伦理规制，而是将部分料理女儿的职责转交乳娘和亲属。换言之，绿萍的家务劳动在良好的家庭成员网络中得到了认同：

---

① 绿萍：《母亲日记》，第31页。
② 绿萍：《母亲日记》，第63页。
③ 绿萍：《母亲日记》，第65页。
④ 绿萍：《母亲日记》，第64—65页。

一方面，亲属的协助在某种意义上是对女性家庭价值的补偿，促使她从喂奶、换尿布、烧火做饭等家务事中抽身；另一方面，丈夫岐对此也较为支持，主动承担起作为父亲的育儿责任，并伴随着照顾子女成长的全过程。在绿萍家里，成功创造出了一种亲属照料的家庭福利模式，她如愿以偿地将主要精力投入子女教育与陪伴呵护等精神层面的家庭事务中。

绿萍的心态和做法为民国时期职业女性处理"人职"和"母职"的关系提供了女性智慧、女性经验、女性方案：不放弃社会职业，而另有他人（保姆、家人等）代为照顾，同时仍不忽视抚育子女的母亲责任。在传统家庭角色分工重构后，育儿问题不再是母亲的专属责任，绿萍不仅可以继续从事自己的社会事业，更能够在摆脱繁重家务以外，具备足够的精力在子女的科学教养问题上"下功夫"，这对于母亲和孩子，甚至是父亲，都是更好的选择。如此一来，既不妨碍绿萍承担"家庭角色"的母亲义务，也满足了她作为"社会角色"的愿望，更提升了她家庭美好生活的幸福指数，成为民国时期家庭福利的典范。正如绿萍所言，夫妻共同育儿不仅有助于调剂家庭平凡的生活，"有了天真活泼的孩子做中心，可以增进父母生活的兴趣"，而且有利于巩固家庭稳定的结合力，"夫妇的情爱本能彼此互助，互爱……纵有些微的不洽也能发展父母的谅解。"①

从绿萍的个案来看，在两个女儿生病之际，奔走于医院

---

① 绿萍：《母亲日记》，第15页。

的父亲和女性亲属扮演了关键角色。换言之，如果片面强调母亲的育儿天职，相反会强化"母职规训"与"母职惩罚"。这种由父母双方共同承担育儿责任家庭的分工，不仅保护了作为生育主体的母亲，消解了所谓"母职"与"父职"的角色分野，而且有助于破除"男主外，女主内"传统社会性别分工的刻板化印象，成为民国时期现代家庭生活方式变迁的历史缩影。

四、女作家苏青：摆脱男性话语隐形控制权的抗争者

绿萍毕竟只是"娜拉"走后的少数幸运者，并不是所有女性都拥有如绿萍那样良好的家庭条件——不用为生计发愁，且有能力雇用乳娘或有亲属帮忙照看子女。女作家苏青"要事业，要朋友，也要家庭"[①]，这也是当时绝大多数知识女性面临"母职惩罚"困窘的写照。要了解苏青的婚姻生活及就业经历，自然会想到她的自传体小说《结婚十年》。

苏青结婚时尚未工作，还在国立中央大学读书。她怀孕后放弃了进行不到三个学期的学业，离开学校回到婆家。生下女儿的苏青在婆家的日子也颇为艰难，虽为少奶奶，但整日关于房中，无人亲近，极为无聊苦闷："我该做些什么事呢？一个读过大学的女子总不该长此住在家里当少奶奶

---

① 毛海莹：《寻访苏青》，上海文化出版社，2005年，第89页。

吧？"①因此，弥月过后不久，耐不住寂寞的苏青便找了一份小学教员的工作，但出于种种原因，这份工作只持续三个月便结束了。在这段生活中，由于婆家家境殷实，没有经济方面的苦恼，女儿也由奶妈照顾，因此苏青既无工作挣钱的必要，也没有照顾女儿的任务，"家事"和"职业"的冲突并不明显。只是苏青因为家中苦闷，自觉浪费光阴而决定自谋职位，一定程度上也体现了她对于发挥自身社会价值的向往。

1935年，苏青随丈夫李钦后来到上海，由于李钦后好面子，工资微薄却又不愿向父母要钱，夫妻间常因经济拮据产生矛盾。一次，苏青向李钦后要零用钱却被打了一耳光，由此她下定决心要找份工作，证明女子不用男人养活，照样也能独立。②苏青开始写文挣钱，但李钦后却反感苏青的独立和才华，性别刻板印象促使他认为"女子无才便是德"。在这段时间，社会角色和家庭角色的冲突开始显现：李钦后希望其成为一个传统意义上的贤妻良母，甚至千方百计压制她从事文学创作这一社会角色的发挥，"他不喜欢我有'大志'，也不愿我向上好学……既然如此，当初又何必要娶个女学生呢？"③然而写作对于苏青而言，既是实现自我社会价值的重要途径，也是她养家糊口的必要手段。

在苏青生下第三个女儿菱菱时，李钦后也做了一名律师，

①　苏青：《结婚十年》，中国妇女出版社，2009年，第71页。
②　毛海莹：《寻访苏青》，第63页。
③　苏青：《结婚十年》，第136页。

收入渐高。但丈夫非但无意为苏青分担母职工作，还反对她雇用乳娘，认为母乳对婴儿更好。家中聘用的朱妈是指定照料婴儿的，但李钦后不许她接触菱菱的身体。除了洗尿布外，朱妈整天闲着，洗奶粉瓶也需苏青自己来，这些繁杂的家务使她疲惫不堪，文学创作也陷入停滞状态。

　　在这段婚姻不堪回首的后期，由于李钦后工作变动，家庭经济陷入拮据状态，加上感情生活带来的精神疲倦，苏青渐被阴郁的情绪所笼罩。她不仅要摆脱来自男性话语权的隐形控制，还要解决"母亲角色"之于"女性角色"的碰撞与桎梏。苏青生下小儿子不久，公公病重，李钦后动身回家，留苏青一人带着两个孩子在上海。为了节省开支，苏青辞去了一个老妈子。尽管家中还有两个女佣，但苏青养家糊口的日子过得也辛酸艰苦："日间我带领两个孩子，晚上写文章，稿费千字二三十元不等的，我常常独坐在电灯下直写到午夜。暑天的夜里是闷热的，我流着汗，一面写文章一面还替孩子们轻轻打扇，不然他们就会从睡梦中醒来，打断我思绪，而且等写完快要到五更了。但是我虽然这么的勤于写，编辑先生可求必都是勤于登的，有的选登倒还迅速，便是稿费迟迟不发，倒害得我真个望眼欲穿了"[1]。这样的境况带给苏青心理和生理上的双重打击：有时实在疲倦了，她也产生过厌世的念头；后来她患上肺结核病，生活更是雪上加霜。

　　在这种情境下，苏青选择离婚而不是放弃女性的尊严，

---

[1]　苏青：《结婚十年》，第231—232页。

不甘女性价值埋没于望不见尽头的琐碎家务里。需要指出的是，离婚并不代表苏青是"家庭革命"的反叛者，实际上，她既是一个希望发挥自我社会价值的人，同时也是家庭观念极重的人。胡兰成在《谈谈苏青》中剖析苏青的心理时提到："她离开了家庭，可是非常之需要家庭……有一个体贴的，负得起经济责任的丈夫，有几个干净的聪明的儿女，再加有公婆妯娌小姑也好，只要能合得来，此外还有朋友，她可以自己动手做点心请他们吃，于料理家务之外可以写写文章。"①这就是她单纯的想法。

遗憾的是，在首次产女后，苏青便发现女性在家庭中的地位不过就是生殖工具，她就开始有意识地要摆脱男权传统的樊篱。她在"妇女回家"引起论争的环境下，频繁而细腻地产出母性色彩极强的文章，难免引起进步人士的不屑和讽刺。但实际上，女性母爱的表达并不等同于服膺男性话语权，苏青明晰区分了"表达母性"和"屈从男权"之间的差异。她认为："一个女人可以不惜放弃十个丈夫，却不能放弃半个孩子。"②这类"都是为了孩子"的叙述并非是苏青认同于回归传统家庭的女性角色，或者是愚昧牺牲精神的体现，相反是对于女性价值体系进行重估后作出的一种权衡：在"孩子"和"丈夫"中选择孩子，可促使"处在男权边缘的母性将会

① 胡兰成：《谈谈苏青》，《小天地》1944年第1期。
② 苏青：《结婚十年》，第226页。

获得一个重塑自我的机会"①，进而以迂回渐进的方式走出阴暗的男性话语体系。这种摆脱了男权的母性表达，看似逸离了女性主体性话语权，却默默给予了女性构建自主意识无可比拟的理论支持。

　　不过，正如张爱玲所说："从前她进行离婚，初出来找事的时候，她的处境是最确切地代表了一般女人。而她现在的地位是很特别的，女作家的生活环境与普通的职业女性，女职员，女教师，大不相同。"并且，从苏青离婚后走上职业女性道路的经历看：一方面很好地印证了鲁迅所强调的"经济权"的重要性，有一个挣钱的本领总是好的，这是争取经济独立的基础，"无论怎么说，苏青的书能够多销，能够赚钱，文人能够救济自己，免得等人来救济"②；另一方面男权社会隐形的女性职业歧视潜在影响着女性劳动价值的发挥，不过，苏青的境遇还不算是最坏的，离婚前夕夫妻二人分居的那段时间，虽然要养家糊口，但家中还有佣人帮忙，而且写作不需要外出工作，时间也相对灵活，这给苏青兼顾家中事务提供了一定的便利。然而并不是所有职业女性都有这样的条件，至于当时广大无产阶级女工的境况则更为窘迫，要想兼顾职业和母职，难度更甚。

---

① 毛海莹：《寻访苏青》，第173页。
② 张爱玲：《我看苏青》，《天地》1945年第19期。

五、改善女性发展环境的走向：社会保障制度的完善

　　既不同于作家苏青具有相对灵活的工作时间，也不同于绿萍等其他文职人员，劳动女工的工作环境普遍恶劣，待遇普遍低下。自第一次世界大战爆发以来，中国的民族资本主义工商业迎来了长足发展的春天，纺织业、化工业等现代行业的兴盛伴随着就业岗位数量的大幅增长，为女性的职业选择创造了机遇，拓宽了选择空间。需要指出的是，在近代中国的职业女性群体中，投身工厂劳作的女工占据绝大多数的比例。①

　　根据《中国劳动年鉴》记录："上海纺织业的女工每日工作12小时，织布女工每日工作13小时。"1927年，天津女青年会对31家工厂5864名女工进行调查。显示，只有五分之三的工人可以每周休息一日，其余的人只能每周休息半日或每十日休息一日、每两周休息一日，甚至有一小部分女工全年无休。又据1928年《英文导报》刊载：天津还有一小部分女工工作时间每日长达15~16小时。除此，女工胎前产后的休息也无法得到保障，据当时媒体观察，一个怀孕十月的女工因生计困难而被迫坚持在工厂工作，即将分娩之际还担心被厂

---

① 卢淑樱：《母乳与牛奶：近代中国母亲角色的重塑》，华东师范大学出版社，2020年，第227页。

主扣工资，直至胎儿在厂里出生。[1]

长时间的劳作、工资薪酬的微薄、政府管理的缺位、资本主义的血汗制度，让女工们无暇顾及即将分娩或刚出生的婴孩。例如，女工文娟在文章中记述了自己怀孕四个月时值夜班的情形，生理的不适加上夜班的劳苦使她呕吐不止，只好请假回家休息。回到家中后"已经像垂死"的她也无法好好歇息，还担心着"明天还能继续我的工作吗？不上工厂，生活怎样解决呢？目前尚维持不下最低的生活，将来孩子养下来时，这双重的负担，如何担当得起呢？"[2]又如，女工珍生产后仍要持续工作，于是将孩子交由六十岁的婆婆帮忙照看，每天由婆婆抱着孩子到厂里让珍喂奶，况且，喂奶的时间还是因为珍资历较老的缘故，厂里才特别允许的。[3]民国时期的托儿所尚未普遍设立，"儿童公育"与"家务劳动社会化"的主张更只停留在美好的设想中，缺乏真正付诸社会实践的现实土壤。在女性权利保障缺失的年代里，绝大多数女工们唯有选择将婴幼儿交给一些老婆婆或十二三岁的大孩子看管——而她们对于科学育儿的经验大都是不胜任的，因此无法为儿童的健康成长提供良好的环境支撑。再如，女工阿英在丈夫失业后成为家庭经济来源的唯一收入者，生下一个小孩后，由于厂里不允许请长假，她为生计所迫又不得不外

---

[1] 公度：《中国女工问题》，《妇女杂志（上海）》1929年第15卷第9期。

[2] 文娟：《女工生活的自述》，《健康生活》1934年第1卷第2期。

[3] 志超：《女工婚后的大难题》，《青年与妇女》1947年第11—12期。

出工作，刚诞生的婴孩因得不到足够的营养和照料患上一场大病，"可怜小小的生命就牺牲掉了"[1]。

　　民国时期妇女走出家庭参与就业岗位，掌握女性的历史主动力，成为妇女运动中不可或缺的一项内容。诚如张爱玲所言："现在妇女职业不是应该不应该的问题了。生活程度涨得这样高，多数的男人都不能够赚到足够的钱养家，妇女要完全回到厨房里去，事实上是不可能的，多少就需要一点副业，贴补家用。"[2]相比于其他需要较高知识素养的职业，劳动女工这一群体中主要是家庭经济条件较为困难的基层女性，并且，她们对于补贴家用甚至养家糊口的物质需求更为迫切。因此，社会各界对于她们到工厂就职的选择不免会有质疑之声，认为这只是受生计窘迫之驱使，而非出于两性平权意识的自我觉醒。基于此，苏青提倡要在强调"两性差异"的前提下论及"两性平等"[3]，她认为忽视女性的生理特点而片面空谈男女平等是削足适履的做法："我并不是说女子一世便只好做生理的奴隶，我是希望她们能够先满足自己合理的迫切的生理需要以后，再来享受其他所谓与男人平等的权利吧！"[4]

---

[1]　铁鸣：《女工阿英》，《近代杂志》1938年第1卷第7期。
[2]　《苏青张爱玲对谈记：关于妇女·家庭·婚姻诸问题》，《杂志》1945年第14卷第6期。
[3]　黄静等：《二十世纪中国女性文学研究》，安徽师范大学出版社，2017年，第145页—146页。
[4]　苏青：《第十一等人》，《苏青经典作品》，当代世界出版社，2004年，第40页。

在民国时期妇女福利与女性社会保障制度尚未建立健全的历史条件下，在国统区统辖范围内，非但"同工同酬"的落地步履维艰，为女性职业者设立合理的产假制度也大多缺位，更无从谈及劳动女工的权益维护问题。当时涉及女性平等就业权、劳动权的规定还是一纸空文的状态，更无法从"法律平等"走向"事实平等"，尤其还缺少有力的制度支撑，无法为那些遭遇发展机遇不平等的女性提供必要的援助和司法救济。

被迫承担着"家事"与"职业"双重责任的广大女工无止境地损耗着身体和精神，即便如此，也难以达到"家庭角色"与"社会角色"的调和兼顾。为满足捉襟见肘的生存要求，女工们普遍倾向于保住工作，不丧失经济来源；至于孩子，只要能给予其最基本的照顾即可；初生的婴幼儿非但无法获得母亲照料的舒适环境，物质以外的精神生活、娱乐体验、科学教养，更是奢望。在当时的社会形势下，亟待构建一个以"女性友好"为前提的"生育救助"与"生育福利"相结合的机制保障。由此可见，女性实现自我价值和社会价值的合一，不仅需要妇女本人的主观意志，客观条件的支持同样重要。

就客观环境的阻碍而言，苏青离婚后一人担负起养家糊口和照顾子女的双重职责，为此她还遭受了社会上带有偏见的嘲讽和批评。虽然相比工厂女工，苏青的职业允许她在家工作，尚可以照看小孩，但这段艰苦的时光也促使她不免发出喟叹："职业妇女实在太苦了，万不及家庭妇女那么舒服。"①她将这一论点综括起来称："第一是必需兼理家庭工作，第二是小孩没有好的托儿所可托。第三是男人总不大喜欢职业妇女，而偏偏喜欢会打扮的女人……再者，社会人士对于职业妇女又绝不会因为她是女人而加以原谅的。"②基于此，苏青一方面呼吁实现家庭劳务社会化，将儿童养育视为社会集体事务的组成部分，探索适度普惠型托幼政策，以及建设儿童社会福利制度的经验。如设立托儿所、洗衣店、公共食堂等公共设施，设法分担职业妇女在家庭内部的工作量："我们要做到真正的男女平等地步，必须减轻女人工作，以补偿其生产所受之痛苦。假如她更担任养育儿童工作，则其他一切工作更应减轻或全免……婚姻是给人保障，也规定双方义务，与其说有益于男人，不如说更有利于女人孩子。"为此，她提出了三个层级的儿童公育"假设"方案：首先，"女人假如需要工作，则她先有选择以养男育女为职业之权"；其次，"假如还不够，则以不妨害她的养男育女为原则，工作轻便，报酬不减。养男育女的报酬应由国家付给，使其不必依赖于男人"；复次，"假如此女人生了孩子而不愿养育，则由国家雇人代养，让她自由从事别的工作"③。另一方面，苏青呼吁社会各界乃至立法层面亟需给予家庭妇女应有的尊严：

① 《苏青张爱玲对谈记：关于妇女·家庭·婚姻诸问题》，《杂志》1945年第14卷第6期。
② 《苏青张爱玲对谈记：关于妇女·家庭·婚姻诸问题》，《杂志》1945年第14卷第6期。
③ 苏青：《谈婚姻及其它》，《天地》1945年第18期。

"只要男女同样做事就该同样被尊重，固不必定要争执所做事情的轻重……法律该有明文规定：男女的职业虽然不同，但是职业的地位是平等的。"①

就妇女的主观能动性而言，女性可以正确认识社会角色和家庭角色的关系，无须将二者束缚于相互对立的认知框架内。换言之，社会角色和家庭角色不应分别寄存于男女两性以性别为畛域的分工，而是发掘两者具有同时存在于女性一人身上的可能性。与此相关的是，客观与主观条件都具备的绿萍，显然是最接近兼顾好"家事"与"职业"理想状态的女性。尽管刚诞下大女儿时，绿萍仍然抱有传统性别分工的守旧观念，认为母亲要负担起照顾婴儿的全部职责，但雇用乳娘及亲属协助料理家务给生活带来的便利，也使得她这种意识逐渐淡化。

因此，为了解决母亲角色和女性角色间的冲突，一方面要改善社会保障制度，避免女工式的悲剧；另一方面则需提高社会文明程度，促使女性拥有充分的职业自主选择权。只有如此，社会人士对女性的家庭分工及社会就业都平等视之，才能为女性争取平等地位建立牢固的基础。而从女性视角出发，根本在于改变自身的观念，努力摆脱男性话语权的隐形控制。尤其关键的是，女性能够勇于在尚无一个合理的社会环境时，就迈出家庭争取社会角色的认同，是值得鼓励和赞

① 《苏青张爱玲对谈记：关于妇女·家庭·婚姻诸问题》，《杂志》1945年第14卷第6期。

扬的。在《母亲的希望》一文中，正如苏青的母亲所勉励："你以为社会是一下子便可以变得完完全全合理的吗？永远不会，我的孩子，也永远不能！假如我们能够人人共同信仰一个理想，父死子继，一代代做去，便多费些时光，总也有达到目的之一日……一个勇敢的女子要是觉得坐在家里太难受了，便该立刻毫无畏惧地跑到社会上去，不问这个社会是否已经合理。否则，一等再等，毕生光阴又等过了。"[1]

余　论

根据马克思主义唯物史观的观点，妇女受压迫的根源在于私有制与阶级社会的建立，妇女解放的根本条件在于消灭私有制，同时也是无产阶级解放的重要内容。恩格斯在《家庭、私有制和国家的起源》中指出：一方面，如果家务料理沦为一种私人服务，妻子成为家庭女仆，她们将被排斥在现代大工业生产之外，丧失固定的经济来源；另一方面，假若女性参加公共事业而获得独立的收入，将无法履行家庭事务；基于此，他认为："妇女解放的第一个先决条件就是一切女性重新回到公共事业中。"[2]实际上，妇女走出家庭，参加社会

① 冯和仪：《母亲的希望》，《宇宙风（乙刊）》1941年第36期。
② ［德］恩格斯：《家庭、私有制和国家的起源》，人民出版社，2018年，第79—80页。

生产劳动，参与国家和公共事务的管理，实现家务劳动社会化，可以为妇女解放创造前提条件。换言之，只有当家务劳动较少占用妇女时间并成为社会劳动的组成部分，家务劳动和社会劳动只是分工形式的不同，方可形成两性关系和谐幸福的新局面。①

除此以外，马克思主义还认为，妇女首先是"人"，其次才是"女人"，妇女唯有通过投身生产领域，才能创造出劳动价值和社会财富，即女性主体性价值的体现，需要伴随着社会分工和生产劳作过程的推进。②这既反映出妇女解放的程度是衡量人类解放程度的标尺，同时也揭示出在现代工业文明高度发展的环境下，充分保障女性生育权、劳动权、就业权、经济权尤为迫切必要。③重要的是，除了妇女的社会属性外，妇女的自然属性直接关涉生育问题，因此，需要将妇女发展上升为国家意志，从个人、家庭、社会、国家等多方位共同努力，保障女性职业发展，完善生育支持体系，将家庭福利与妇女福利事业相结合，推动构建女性生育友好型社会，从而满足人民对美好生活的向往。

实际上，女性获得职场提升的空间，将在无形中释放传统社会单纯由男性充当家庭经济支柱的性别焦虑，这会从另

---

① 仝华主编：《马克思主义妇女理论发展史》，北京大学出版社，2004年，第36—37页。
② 仝华主编：《马克思主义妇女理论发展史》，第50页。
③ 庄渝霞：《从女性友好视角完善生育支持体系》，《中国妇女报》2021年8月3日第5版。

一个侧面促进男性解放的历史进程。唯有男女两性在社会化劳动生产与公共事业中达成共同解放的思想共识，才能催生性别红利，并借此消泯"生利者"或"分利者"——以社会性别畛域为限界的劳动分工。从这个角度论之，强化性别平等主流化的意识，不仅有助于女性走出家庭的私领域范畴，参与社会公领域事务的管理，而且有利于激活男性承担家政事务与社会事业双重义务的智慧潜能，并内化为家庭福利制度建设的一致意愿，最终实现妇女与社会经济同步发展的新格局。

（本文与彭雨宸合作撰写。合作者彭雨宸，中国政法大学刑事司法学院2018级本科生）

20世纪30年代儿童文学教育中关于"鸟言兽语"问题的论争

　　20世纪30年代，儿童文学界围绕儿童读物中应否使用"鸟言兽语"，展开了一场激烈的论争。论战的内容涉及"鸟言兽语"概念的阐释、童话价值的重估，以及儿童读物的取材标准等问题。经过论战，一方面，儿童文学界普遍认为，"鸟言兽语"在儿童读物中具有合理性，但要注意谨慎取材。另一方面，随着国难的加深，儿童本位的审美教育，最终让位于民族复兴旗帜下的民族国家本位教育。若将研究视域加以"脉络化"的分析，亦可窥见"鸟言兽语"在现代中国"人的发现""国族想象""政党话语""时代变迁"等场域中呈现出的多元面相。

20世纪20—30年代，儿童文学教育成为小学国语课程的中心。儿童文学界围绕儿童读物的编选、取材、主旨、内容、文体、语体以及用字等问题，展开了多次论争。①笔者拟以30年代儿童文学界关于"鸟言兽语"话题的讨论为中心，②力图揭示出30年代儿童文学界的教育生态，即从关注儿童本位的审美教育，转向强调民族国家本位的战时教育这一变动轨迹。同时，笔者拟将研究视域"脉络化"，借以观察"鸟言兽语"与现代中国启蒙话语、政党政治、时代变迁等多重场域之间的互动关系。

一、论战起源："鸟言兽语"利弊得失之研究

1931年2月，湖南省政府主席何键分析共产党"猖獗"的根源在于"人心之坏，教育不得其法"，特别是小学教科书编纂中"鸟言兽语"过多，以致"人禽不分"，礼教败坏。何键认为，剿共的"正本清源"之计，宜从禁止儿童读物的"鸟

---

① 参见张心科、郑国民：《20世纪二三十年代儿童文学课文论争及教科书儿童文学编选原则》，《课程·教材·教法》2010年第6期。
② 学术界对于该问题的涉略并不多，且论述较为简单。参见张心科：《清末民国儿童文学教育发展史论》，北京师范大学出版社，2011年，第143—147页；王泉根：《三十年代中国儿童文学现象的历史透视》，《西南师范大学学报》1997年第2期。

言兽语"始。①上述建议的刊载，随即引发了儿童文学界关于"鸟言兽语"问题的论争。论战双方的主将是尚仲衣、吴研因，内容主要集中在对"鸟言兽语"概念的阐释、童话价值的重估，以及儿童读物的取材标准等方面。

率先附和何键观点的是曾在哥伦比亚大学以"儿童读物的选择"为博士论文选题的尚仲衣。②1931年4月，尚仲衣在"中华儿童教育社"的年会上作了题为《选择儿童读物》的报告。作者认为，"鸟言兽语"就是"神仙鬼怪等故事"。因儿童读物中含有"世界上本无"的神仙，不仅违反了"自然现象"，而且违背了"社会价值"，曲解了"人生理想"，妨碍了"儿童心理卫生"。③至于以"鸟言兽语"写成的童话，其价值也值得怀疑。作者甚至称："纵使把童话全部流放了，儿童读物仍有极广极富的园地。"一方面，因童话中的主人翁"多半皆由偶然的神奇、侥幸的赞助而达到目的，绝少由直接的努力，和忠实的奋进而造成幸福"，这易于使儿童养成"向幻想中求满足"的趋向，以及用"酸葡萄""甜柠檬"等聊以解嘲的心理。④另一方面，据美国 Dunn、Jordan、Terman 等人研

---

① 《儿童文学与礼教之冲突》，《教育杂志》1931年第23卷第4号，第129—130页；又见何键：《咨请教部改良学校课程（2月24日长沙通讯）》，《申报》1931年3月5日第8版。

② 尚仲衣、徐锡龄：《关于中国儿童读物调查的答案——对国际教育局儿童读物调查的答复》，《教育研究》1931年第26期。

③ 尚仲衣：《儿童读物与鸟言兽语的讨论——选择儿童读物的标准》，《儿童教育》1931年第3卷第8期。

④ 尚仲衣：《再论儿童读物》，《初等教育界》1931年第2卷第3期。

究，一部分的神怪故事，非但不能引起儿童的兴趣，反使儿童发生反感。因此，儿童读物的取材标准，应当淘汰那些"采用迷信""引起儿童心理上变态""有幸运性质及颓唐志气"的材料，代之以合乎"自然社会现象"的积极内容。①

时任教育部科长的吴研因立即对尚仲衣的观点进行反驳。作者认为，倘如尚仲衣所称"以无为有"便是"神怪"，那么不仅"大匠运石""愚公移山"等寓言，就连"圣经传贤"中的"齐人一妻一妾""象入舜宫"，亦应在"打倒之列"。②况且，"'鸟言兽语'不能和神怪故事混为一谈"，因其不过是"一种作文法中的'拟人法'"，内中多为"说明生活的自然故事"，与《封神榜》《聊斋志异》以及许多"幻想性故事"截然不同。"神话"与"物话"虽包括"幻想性故事"和"自然故事"，但只有"自然故事"才是童话。③

在支持"鸟言兽语"的一派看来，童话在儿童读物中有着相当高的教育价值。

一是"鸟言兽语"具有天然的合理性。陈伯吹认为，"鸟声啾啾，虫声唧唧"，这些充溢在宇宙间的妙音，本是儿童诗歌原始的素材。④"儿童文艺研究社"也撰文，"鸟兽既是有

---

① 《关于"儿童读物应否用鸟言兽语的故事"的一番雄辩》，《中华基督教教育季刊》1932年第8卷第1—2期。
② 吴研因：《致儿童教育社社员讨论儿童读物的一封信》，《儿童教育》1931年第3卷第8期。
③ 吴研因：《读尚仲衣君"再论儿童读物"乃知"鸟言兽语"确实不必打破》，《初等教育界》1931年第2卷第3期。
④ 陈伯吹：《儿童诗歌研究》，《儿童教育》1932年第4卷第9期。

生之物，根本与人类相同"。他们"饿了叫吃，冻了叫冷，寂寞了叫朋友，何尝不会说话呢"？只是人类听不懂而已。①

二是"鸟言兽语"合乎儿童的阅读心理。陈伯吹表示，在儿童故事的材料中，"研究孩子的趣味"是"最低限度的需求"。从某种意义上，"没有一个故事是十分适宜于孩子的，除非其中至少有一个动物"②。张协亦称"儿童学习的态度，完全是建筑在兴趣的基础上的"。与其令教书先生"摇头晃尾"地给儿童讲解古文，不如代之谈论"狗和猫的故事"，即将原本枯燥无味的内容，装进儿童文学的模具里。③在陈鹤琴看来，"鸟言兽语"为儿童阅读带来了"十二分的快乐"。例如"青蛙姑娘""老鼠小姐""白猫先生"等唱歌跳舞，"各献各的本领"而演绎的"动物音乐会"，不但小孩子喜欢，就是成人也非常欢迎。④

三是"鸟言兽语"适应儿童成长的需要。"儿童文艺研究社"观察了一个小孩子一天的"生活小影"后指出，"好动"是儿童最显著的生理特点之一。从"动"的角度而言，儿童是个"小工人、小农民、小科学家、小革命家"，而他们所需要的文字是"小生产、小实验、小建设、小创造、小奋斗"的指导，故十分有必要以儿童"欢喜听、欢喜讲"的诗歌、

---

① 儿童文艺研究社：《童话与儿童读物》，《初等教育界》1931年第2卷第3期。
② 陈伯吹：《儿童故事中的趣味问题》，《儿童教育》1932年第4卷第6期。
③ 张协：《儿童文学小论》，《江苏教育》1932年第2卷第11期。
④ 陈鹤琴：《"鸟言兽语的读物"应当打破吗》，《儿童教育》1931年第3卷第8期。

童话，代替其无意义之瞎哼。①

四是"鸟言兽语"可以丰富儿童的想象力。魏冰心援引以"老猴子""老鸟开学校""小青虫""小水点"等为意象写成的童话故事，力图说明采取"文学的描写，叙述道德的训练，或自然的现象"，可以在"儿童的好奇心"与"科学"之间架起"最便的桥梁"②。江应澄撰文认为，儿童心理无不是崇拜物教的。他们普遍"相信草木能思想，猫狗会说话"。成人倘若非要他说"草木是植物，猫狗是动物，不会思想或说话"，把"知识注入一个无意念的未成熟的心里"，实在是"不道德的"③。

五是"鸟言兽语"有助于儿童了解自然常识。吴研因以"猫和羊"的故事为该论点作了注脚。一只羊丢失了许多豆，向猫求助。羊遂借助了猫的"耳朵""眼睛""爪子"，不仅先后听见了作案者"悉索"的声音，还在夜间观察到了他们的蠢蠢欲动，最后捉住了行动中的老鼠。通过这则故事，儿童可以了解到猫听觉的灵敏、眼睛的夜视功能、爪子的锐利特点，以及"猫和羊的构造之不同"④。魏冰心亦认可了自然故事、童话等有"补充正式教科书中教材的不足"的辅助功能。⑤经由上述讨论，一个区别于"成人"的"儿童世界"得

---

① 儿童文艺研究社：《童话与儿童读物》，《初等教育界》1931年第2卷第3期。
② 魏冰心：《儿童读物研究》，《世界杂志》1931年第2卷第2期。
③ 江应澄：《儿童文学之特质和儿童心理》，《江苏教育》1934年第3卷第10期。
④ 吴研因：《儿童读物的研究》，《儿童教育》1931年第3卷第8期。
⑤ 魏冰心：《儿童的课外读物》，《湖北教育月刊》1935年第2卷第6—7期。

以建构。张匡即诠释了这一话题，"成人果然有成人的读物，儿童也有儿童的读物。以前儿童所读的不过是成人的读物而已，现在绝对不然了，一切的读物'儿童化'起来……原来儿童的读物另有一个领域……不能用成人的心理和经验去推测的"。至于那些鄙视"鸟言兽语"的荒诞之说，未免不明儿童读物的本质。①

至于"鸟言兽语"是否会对儿童产生某种负面的作用，也是讨论者关心的话题。魏冰心解释，从日本传入的"童话"一词之原意是"对儿童说的话"，其性质"既不太与现实接近，也不太与神秘相触……含有趣味而无恐怖分子"。"鸟言兽语"在美国的小学读物中亦占相当分量，故观其所收成效可知，其"虽然含有幻想性，但也无害于将来的实际生活"。况且科学的发明常"必先有一番空想"②。陈鹤琴经过调查发现，儿童尽管喜欢阅读猪跳舞、黑猫有超人能力、二郎神捉拿孙猴子、孙猴子一个筋斗翻十万八千里等故事，但是他们并不会把这些情节当真对待。③周作人以亲身体验告知，"小时候读了好些猫狗说话的书，可是现在想起来，一样的于我没有影响，留下的印象只是猫狗要比圣贤更有趣味"④。胡运

① 张匡：《儿童读物的探讨》，《世界杂志》1931年第2卷第2期。
② 魏冰心：《儿童读物研究》，《世界杂志》1931年第2卷第2期。
③ 陈鹤琴：《"鸟言兽语的读物"应当打破吗》，《儿童教育》1931年第3卷第8期。
④ 周作人：《〈儿童故事〉序》，刘绪源编：《周作人论儿童文学》，海豚出版社，2012年，第294页。

铵也坚信"鸟言兽语"不会养成迷信的观念。因"儿童的生活，是继续转变生长的"，迨其"由幻想进入思维，由游戏生活而入于现实严整的工作"，便自然可与童话挥别。[1]刘雯卿则进一步探讨，"在儿童相信猫狗会说话的时候，我们要和他讲些猫狗会说话的故事"，而等到儿童"要知道猫狗是什么东西的时候到来"，再把"生物学上的知识供给他们也不算迟"[2]。鲁迅对此亦做出回应，"孩子的心，和文武官员的不同，它会进化，决不至于永远停留在一点上……因为他后来就要懂得一点科学了，知道世上并没有所谓巨人和仙人岛"，故担忧者纯属"杞天之虑"[3]。

除了理论层面的论战之外，在实践层面亦有福州第四小学教员邵柔杰做了"低年级儿童读物用'鸟言兽语'与不用'鸟言兽语'的比较实验"。通过实验报告，邵柔杰发现使用"鸟言兽语"的一组在综合成绩上胜于另一组。[4]

经过双方持续的论争，儿童文学界普遍达成了关于儿童读物编写标准的共识。一是认为"鸟言兽语"在儿童教育中有一定进步意义；二是认为要慎重把握"鸟言兽语"的取材，特别注意将其与"神怪故事"区别开来。吴研因声明，自己

---

[1] 胡运铵：《什么是儿童文学》，《安徽教育辅导旬刊》1936年第2卷第3期。

[2] 刘雯卿：《儿童文学论》，《正中月刊》1936年第3卷第4期。

[3] 鲁迅：《〈勇敢的约翰〉校后记》，《鲁迅全集（编年）》第六卷，人民文学出版社，2014年，第514页。

[4] 邵柔杰：《低年级儿童读物用鸟言兽语与不用鸟言兽语的比较实验报告》，《福建教育厅周刊》1933年第175期。

并不赞成"可怕而无寓意的纯粹神话"①。陈伯吹明确了"妖巫""暴龙"等内容，均是"不适用于幼稚园的故事"②。范振鹏觉得由于中国教育水平整体偏低，那些未进过中学的儿童仍有误入迷信歧途的危险，故涉嫌"神仙妖怪"等故事，还是少用为妙。③张匡亦认可"勿取有迷信的材料""勿违反科学"等儿童读物的编纂原则。④刘雯卿同样表明了需去除"大富大贵、升官发财、王子公主结婚、享乐"或是"万事由天""信任命运"等消极童话素材的态度。⑤

特别一提的是，在关于"鸟言兽语"论战中间，除了关于"鸟言兽语"与"神怪故事"于概念上是否相同之外，还有"第三者"侧重争论"鸟言兽语"与"神怪故事"在教化功能上是否等同。

慈民认为，"现在的'鸟言兽语'的儿童读物，在形式的取材上，不比'神仙妖怪'的读物，有显著的进步"，只要将"神仙妖怪"的材料灌注"道德的教训或一般常识"，正同"鸟言兽语"一样可以引起儿童的阅读兴趣。⑥史娜则对此持反对意见，"神仙妖怪"是"荒唐怪诞"的，不仅在儿童教育中毫无价值可言，而且使儿童受到恶劣影响，以至"到四川

① 《儿童读物价值之论争》，《教育杂志》1931年第23卷第6期。
② 陈伯吹：《不适用于幼稚园的儿童故事》，《儿童教育》1932年第4卷第5期。
③ 范振鹏：《儿童文学概论》，《进修半月刊》1932年第1卷第11期。
④ 张匡：《儿童读物的探讨》，《世界杂志》1931年第2卷第2期。
⑤ 刘雯卿：《儿童文学论》，《正中月刊》1936年第3卷第4期。
⑥ 慈民：《改良儿童读物我见》，《申报》1932年9月22日本埠增刊第2版。

峨眉山去求仙"等危险并不罕见。[1]吉宇则分析了"神仙鬼怪"与"鸟言兽语"的不同之点。一是两者的"主体不同",前者是"纯假"的,并含有"神秘恐怖"的成分;后者是"半假"的,因"鸟兽本来是一种现实的动物"。二是两者的"利害不同",前者入脑为"迷信"培植势力,后者仅为寓言而已。故绝不能"目为'鸟言兽语'与'神仙妖怪',仅有同等之价值也"[2]。

至全面抗战爆发前夜,儿童文学界普遍将"鸟言兽语"材料的使用,当作儿童读物改良的趋势。然而,随着国难危机的加深,"鸟言兽语"代表的以儿童本位的审美教育,逐渐遭遇了现实的失落,取而代之的则是以民族国家为本位的儿童教育理念。换句话说,民族复兴思潮的高涨,使"鸟言兽语"的时代趋于终结。

二、反思与批评:"鸟言兽语"论争的退潮

通过上述的论争,尽管儿童文学界达成了相关认同,但是社会上对于"鸟言兽语"的反思与批评并未结束。一方面,1934年汪懋祖撰文批评"鸟言兽语"设境不自然。不仅"猫、狗、鸡、羊,吃饭、穿衣、说话、游戏"的行为欠缺庄重,

---

① 史娜:《儿童读物的改良问题》,《申报》1932年9月27日本埠增刊第2版。
② 吉宇:《改良社会讨论会》,《申报》1932年10月1日本埠增刊第2版。

而且"花猫称先生"的称呼也令人啼笑皆非。此外，教师让小学生模仿课文中"妖怪吃人"的做法，非但未能如愿养成儿童"无畏的精神"，反而引起了他们不必要的恐慌。[1]另一方面，教育界以讲求教育的新方法竞相标榜，与此相应的是，出现了"只变花样，不讲实际"，影响效率增进的趋向。而"鸟言兽语"作为其中之一，也成为被批判的对象。[2]尽管吴研因等人仍极力维护"鸟言兽语"的地位，援引欧美、苏俄、日本等儿童文学皆采用此种写作素材，并发出中高年级用"鸟言兽语"，与低年级不用"鸟言兽语"具有同样的危害的警告；[3]周作人亦继续发出"为儿童的福利计，则童话仍应该积极地提倡"的吁请。[4]然而，真正使得"鸟言兽语"遭遇"陷落"的，却是全面抗战爆发前后，民族复兴思潮对于"象牙塔"的冲击。

1935年，某报记者在"中华儿童教育社"第三届年会时发表《儿童教育的本位问题》社论。内中谈到，国难当头，"一切都应以国家为本位，个人不能成为本位，儿童更不能成为本位……儿童本位教育，便是个人主义教育，也便是'率性而行'的放任主义教育"。与此同时，该记者提议，"鸟言兽语"的教材，因"无关国家社会，徒使儿童迷惑，应加禁

---

① 汪懋祖：《中小学文言运动》，《时代公论》1934年第114号，第10页。
② 吴研因：《小学教育的效率与方法》，《申报》1935年12月1日第3张第10版。
③ 吴研因：《关于"小学国语教材的疑问"之检讨》，《时代公论》1934年第130号。
④ 周作人：《〈儿童故事〉序》，刘绪源编：《周作人论儿童文学》，第294页。

止"①。还有批评者称，"鸟言兽语"的教材，"没有民族思想，不能养成国民的民族意识"②。对此，吴研因持"调和"的态度，力图论证以"鸟言兽语"为代表的儿童本位教育同民族国家本位教育并不矛盾。一方面，儿童本位教育基于他们"身心发育"的考虑，其目标仍在于"养成知礼知义爱国爱群的国民"，本质上，与民族国家本位的儿童教育是相辅相成的。③另一方面，"'鸟言兽语'和民族思想并不冲突"，例如小学国语课文中"羊拒狗，狗拒狼"等故事，就隐寓着"弱者抵抗强暴的意识"④。

然而尽管支持者们不愿放弃"鸟言兽语"论争保留的硕果，但自觉抑或是不自觉的，他们不再拒绝民族复兴下国耻教材在儿童读物中的书写。换句话说，在民族危机的刺激下，关于"鸟言兽语"的讨论被搁置在遗忘的角落。陈伯吹称，"九一八"的炮声让我们不能"留恋在空虚的幻想里"，神话被"时代的洪流送走了，已不坐在儿童文学之宫"，当被安置在民族学、历史学、人类学的老窠。⑤童话也应当位于革命之列，"保留与改进文学的形式，而替代以科学的、社会的内容"，例如，"'五年计划'不适合于儿童无疑"，但是用童话

---

① 吴研因：《儿童年与儿童教育》，《教与学月刊》1935年第1卷第3期。
② 吴研因：《清末以来我国小学教科书概况》，《教与学月刊》1936年第1卷第10期。
③ 吴研因：《儿童年与儿童教育》，《教与学月刊》1935年第1卷第3期。
④ 吴研因：《清末以来我国小学教科书概况》，《教与学月刊》1936年第1卷第10期。
⑤ 陈伯吹：《慈幼教育——神话的研究》，《儿童教育》1934年第6卷第1期。

编织成的"五年计划"的科学故事，不啻为"儿童最好的读物"①。刘雯卿亦批评在民族存亡之际，我们要防止"鸟言兽语"作品中"迷惑儿童身心，麻醉儿童伟大的天性"负面取向，特别关注儿童文学的社会价值，并担负起"制造新儿童为社会的石柱的实际工作"②。魏冰心创作的儿童诗歌《黄花岗》《可爱的中华》《蝉儿唱高歌》等也一改从前温和的"鸟言兽语"风格，转向至强烈的民族主义内容的灌输。③陈鹤琴表示，"民族全面战争发动了，已经到了非常时期"，而"我们对于儿童教育的设施，自然不能仍循其故轨"，应当以"战事活动为全部课程的中心"④，并积极训练"儿童服从"的精神。⑤钦文同样回应了这一话题，认为童话的写作当顺应"战时的儿童文学"需要，协助普及儿童抗战的知识，迎合战时儿童心理。⑥其间，吴研因还创作了《两兄弟》《炸断了左臂的小姑娘》《汉奸四季山歌》《"皇军"的威风》《母子往来的信》等儿童作品，以作为"小学低中年级抗敌救国国语补充教材"⑦。最初反对"鸟言兽语"的主将尚仲衣也无心恋战，走到"民族存亡"的旗帜下，专心探讨中国"必须有一种自

---

① 陈伯吹：《童话研究》，《儿童教育》1933年第5卷第10期。
② 刘雯卿：《儿童文学论》，《正中月刊》1936年第3卷第4期。
③ 魏冰心：《诗歌数首》，《儿童之友》1937年第3期。
④ 陈鹤琴：《非常时期的儿童教育》，《抗战半月刊》1937年第1卷第1—2期。
⑤ 陈鹤琴：《儿童的服从》，《现代家庭》1939年第2卷第7期。
⑥ 钦文：《战时的儿童文学》，《时事半月刊》1940年第4卷第3期。
⑦ 吴研因：《小学中低年级抗敌救国国语补充教材》，《教与学月刊》1938年第3卷第5期、第3卷第6期。

下而上的、自发的、人民主动、民众自动的教育行动"①。

即便是仍以"鸟言兽语"书写的儿童文学，也丢弃了"五四"以来的文艺内涵、审美情趣，而沦为关乎战争正义与邪恶较量的教化工具。对于最为力挺"鸟言兽语"的吴研因而言，也未再排斥民族国家的语料，只是他认为需要研究如何平衡"鸟言兽语"与"民族复兴的教材"的分配比例。甚至他觉得，在儿童读物中，不仅像"小燕子流寓上海记"——目睹日本侵略真相的这类"国耻史料"不能缺席，②而且还要极力推崇岳飞、花木兰等做儿童的"模范人物"③。陈铁吾在《夏季昆虫的战争演习》一诗中，虽仍借助"鸟言兽语"的外衣，但也利用了"刺刀""口哨""敌军""战壕"等意象表现出了战火硝烟弥漫的意境。④叶圣陶笔下松鼠与麻雀的一番关于"鸟言兽语"与"人言人语"，孰者"文明"抑或"野蛮"的对话，亦诠释了中华民族抵抗日本侵略的正义性。⑤在中小学教师四川服务团编写的《抗战的麻雀》一文中，麻雀俨然不再是一只普通的鸟儿，而是一个深明民族大义的革命战士。⑥

① 尚仲衣：《中国教育应有的转向》，《教育研究》1937年第80期。
② 吴研因：《关于"小学国语教材的疑问"之检讨》，《时代公论》1934年第130号。
③ 吴研因：《小学应如何实施国防教育》，《教与学月刊》1936年第1卷第7期。
④ 陈铁吾：《夏季昆虫的战争演习》，《儿童之友》1937年第3期。
⑤ 圣陶：《"鸟言兽语"》，《新少年》1936年第1卷第1期。
⑥ 教育部战区中小学教师四川服务团教材编辑组：《小学战时国语补充教材》，《教与学月刊》1938年第3卷第9期。

在民族复兴思潮的冲击下，"鸟言兽语"不仅遭遇了空前的挑战，而且逐渐呈现出退潮的趋势。纯文学的追求已经成为精神的奢侈品，儿童本位教育让位于民族国家本位教育，审美主义从属于民族主义。儿童作为被动员的对象，参与到民族国家这一想象的政治共同体的建设队伍中来。如果说"鸟言兽语"在小学国语课文的一度繁盛，是"儿童的发现"之时代的展现，那么在民族国家战争的环境中，其又重归于沉寂，恰好印证了"救亡"压倒"启蒙"这一历史逻辑。

三、脉络化分析："鸟言兽语"在现代中国的旅行

就某种意义而言，20世纪30年代儿童文学界关于"鸟言兽语"问题的论争，是对"五四"时期儿童启蒙话语的继承。自1912年始，周作人即开启了发展儿童"个性"教育的探索历程，并撰有《个性之教育》《儿童问题之初解》《童话研究》等系列文章。[1]至1920年，周作人在孔德学校的一次讲演中，首次正式使用了"儿童文学"这一概念。作者不仅承认了"儿童有独立的生活"，不能以成人的观念评判儿童的行为模式，而且提出了"希望有热心的人，结合成一个小团体"，起手研究儿童文学的建议。[2]1921年，余尚同亦指出，儿童文学

---

① 参见刘绪源编：《周作人论儿童文学》，第1—116页。
② 周作人：《儿童的文学》，《民国日报·觉悟》1920年第12卷第10期。

的教育可以作为"完成国语教育使命上最捷的途径"。要以"玩味、健全、纯美的文学",养成儿童读书的习性。[①]同年,严既澄撰文表示,现代的新教育,"要拿儿童做本位……凡是叫'儿童学'的,必得是那些切于儿童的生活,适应儿童的要求"的东西。与之相应的是,"供给儿童的材料"也应偏重培养儿童的想象力,减少些"偏于庄严,偏于现实"的内容。[②]林玉京更是直接定义了"儿童文学"的概念,"即用儿童本位的文字和心理的状态所成的文学"[③]。魏冰心亦强调,小学教师"应有'科学家的头脑''艺术家的手腕'"这样的儿童文学教育理念。[④]20世纪20年代至"九一八"前夜,在"五四"启蒙话语——"人的发现"的体系中,儿童的"被发现",也构成了该时代语境下的一个组成部分。而一旦"儿童"作为一个与"成人"截然不同的观念被区隔开来,童话亦被视为承载了"黑暗世界"以外的童心力量,为知识分子构建出了一个相对于"现实"的想象空间。[⑤]

几与童话、儿歌等引入启蒙教育的同时,知识分子转而

[①] 余尚同:《国语教育的新使命——养成文学趣味》,《教育杂志》1921年第13卷第2期。

[②] 严既澄:《儿童文学在儿童教育上之价值》,《教育杂志》1921年第13卷第11期。

[③] 林玉京:《儿童文学的研究》,《河南教育月刊》1930年第1卷第3期。

[④] 魏冰心:《艺术化的小学国语教学法》,《江苏省立上海中学校半月刊》1930年第34期。

[⑤] 徐兰君:《五四的童话观念与读者对象》,徐兰君、〔美〕安德鲁·琼斯(Andrew F. Jones)主编:《儿童的发现——现代中国文学及文化中的儿童问题》,北京大学出版社,2011年,第151页。

关注儿童文学的利弊得失问题。教育界关于童话中间"精怪魔鬼"的故事是否会给儿童带来不良影响的零星讨论，亦随之浮出水面。①

事实上，在"鸟言兽语"触发论争的背后，仍有两个因素不容忽视。一是若联系同时期中国思想界的"新旧之争"，亦可将教育界关于"鸟言兽语"问题的讨论视为：以"五四"新文化为中心的新式小学教育，同以中国传统文化为本位的"读经教育"之间的矛盾——在儿童文学教育领域中的某种映射。②周作人早于1930年即料及了这一冲突的可能性，"中国的儿童教育法恐怕始终不能跳出'读经'，民国以来实在不读经的日子没有多少"③。二是从"鸟言兽语"争论之始作俑者何键的说辞看，可知晓其中隐藏的国共两党政治话语争锋之因素。鲁迅曾驳斥何键背后的用意，与当时国民政府禁止含有革命性的期刊、书籍等有着一脉相承的关系。④

至20世纪30年代前期，一方面基于国民党"党化教育"机器的强化；另一方面，由于中日关系渐趋紧张，儿童文学界在教育理念上出现了两种分化的趋势。一是坚持以纯粹的"鸟言兽语"作为儿童读物创作的审美取向，沿袭"五四"时

① Chang-tai Hung,"Children's Literature",*Going to the People: Chinese Intellectuals and Folk Literature*, 1918-1937, Cambridge: Harvard University Press, 1985, pp. 126—134.
② 参见汪懋祖：《禁习文言与强令读经》、吴研因：《辟小学参用文言与初中毕业读孟子及指斥语体文诸说》，《中华教育界》1934年第22卷第2期。
③ 周作人：《杨柳风》，刘绪源编：《周作人论儿童文学》，第272页。
④ 鲁迅：《黑暗中国的文艺界的现状》，《鲁迅全集（编年）》第六卷，第510页。

代尊重人性、追求启蒙的精神；二是开始转而侧重在"鸟言兽语"的外衣下输入党义、民族思想。朱文叔认为，"鸟言兽语"虽可使用，但"分量应当有所限制"。因小学国语读本，还是启发国民民族精神、民权思想、民生观念的重要工具，故而编辑者"必须深明党义""明了社会需要"，绝不能"专从虚设的童话"，而要用"深入浅出的方法，把党义渗透在文艺教材之中"。作者还提出了"教材化装的方法"，例如以花猫、黑猫"一样会捉老鼠"都是好猫的原理，阐述"人人平等"的概念；以受难的蝴蝶被黄莺解救的故事，论证"民族解放"的意义；以两只小鸡因啄米斗架的情节，讲述"党派内斗"的不和谐。[①]1935—1936年国民政府主持的"儿童年"，同样体现了各界对于培育"现代儿童"的诉求、政党话语在儿童教育中的输出，以及民族危机年代以儿童为载体的"国族想象"。[②]

如前文所述，至全面抗战爆发前后，就总体而言，"鸟言兽语"的写作，或逐步转向将自然、历史常识与抗战题材的结合，或淡出了文学创作者关怀的视野，"不但被遗忘，并且被误解，被吐弃，几乎没有'容身之地'"[③]。

---

① 朱文叔：《关于小学国语读本的几个重要问题》，《中华教育界》1931年第19卷第4期。

② 参见全国儿童年实施委员会：《儿童年宣言》，《现代父母》1935年第3卷第7期；俞庆棠：《儿童年的儿童问题》，《申报月刊》1935年第4卷第1号；潘公展：《儿童年之意义及其使命：欲复兴此老大的中国，非努力儿童实事业不可》，《现代父母》1934年第1卷第10期。

③ 吴研因：《儿童年与儿童教育》，《教与学月刊》1935年第1卷第3期。

　　值得一提的是，尽管一度在"延安文艺座谈会"背景下，呈现出一股儿童文学中"去政治化"、恢复"以儿童的生活为中心"论调的插曲①，但是"鸟言兽语"代言的儿童文学在现实中遭遇冷落的境况，并未随着抗战的胜利而有所改变。相反，曾经受到推崇的"美丽而动听"的神话故事，其在儿童读物中间的存在价值亦为教育者怀疑。战后"中国儿童读物的中心"，主张代以"民族的文艺遗产"、纯用"教育的""社会的""知识的"的题材的声浪，远远盖过了坚持"趣味性"——儿童文学诞生这一最初目标的诉求。②1947年，范泉阐释了"新儿童文学的起点"，当把"血淋漓的现实带还给孩子们"，摆脱"'五四'时代的'小脚'作风"，"不单是暴露，还需要暗示和争取"，以此指示儿童未来的路向。③

　　"去审美化"并以民族国家为本位的儿童教育观念，甚至持续地影响到新中国建立后若干年中儿童的生活。儿童文艺作为培养共产主义事业接班人的有力工具，不仅为政党"广泛动员与呼吁"④，同时也成为作家们某种自觉的担当。贺宜即表示了对那种"杜撰一套牵强附会的'鸟言兽语'，自以为这样又简单又生动，结果却是使作品显得格外空洞玄虚，甚

---

① 董纯才：《儿童教育中的主观主义》，《解放日报》1942年4月4日第4版。

② 基本教育会议中国筹备会：《中国基本教育教材问题》，《教育通讯》1947年复刊第4卷第1期。

③ 范泉：《新儿童文学的起点》，王泉根选编：《中国现代儿童文学文论选》，广西人民出版社，1989年，第178—179页。

④ 郭沫若：《为小朋友写作——在第一次全国少年儿童工作干部大会上的讲话摘要》，《人民日报》1950年6月1日第3版。

至弄得不伦不类"作品的不满，并称需防止儿童读物写作中"脱离政治""脱离生活"的倾向。[1]通过苏联青少年小说《卓娅和舒拉的故事》在20世纪50年代中国"有选择性"的接受，卓娅及其成长过程的被删减与改写，以合乎社会主义"新儿童"典范的形塑——这一跨国文化构造的历程，亦可管窥儿童的文化在新中国语境下的重新书写。[2]

综上所述，透过儿童文学教育中关于"鸟言兽语"问题的论争，我们得以瞥见20世纪30年代的教育生态以及民族复兴思潮影响下的一个侧面，即从儿童本位的审美教育向以民族国家为本位的战时教育的转型。同时，若将研究视域"脉络化"，我们亦可观察到儿童文学教育在"人的发现""国族想象""政党政治"等场域中呈现出的多元而复杂，且颇具"时代性"的独特面相。

---

[1] 贺宜：《给新中国的儿童更多更好的读物》，《人民日报》1952年6月2日第3版。

[2] 参见［美］傅朗（Nicolai Volland）：《"卓娅"的中国游记——论建国初期苏联青少年文学的翻译与传播》，徐兰君、安德鲁·琼斯（Andrew F. Jones）主编：《儿童的发现——现代中国文学及文化中的儿童问题》，第250—269页。

读史札记

女编辑吕碧城与晚清女性生存空间之开拓

　　吕碧城是近代中国妇女运动史上影响卓著的人物，在《大公报》开启了女性从事报刊编辑职业的先河，以此平台阐释并传播女学、女权与民族国家话语的女性之声。吕碧城与英敛之、傅增湘、方药雨、樊增祥、严复、袁世凯等晚清政治名流之间形成更唱叠和之势，这种京津文人圈关系网络的建构，为其进入公共视野并迅速崭露头角提供了重要助力，可为探究近代中国知识女性成长空间开拓史提供重要视角。在她声名鹊起的背后，亦可窥见晚清女性解放的历程并非仅是性别内部的孤身奋战，更在于"男女共进"下成就社会事功。

　　吕碧城（1883—1943），安徽旌德人，清末民初的"英雌"，既有"近代女词人第一"的美誉，又因任职于《大公报》成为中国第一位女编辑，同时还是第一所公立女学堂（天津女子公立学堂，后改称"北洋女子公学"）的创始人，是近代中国妇女运动史上影响卓著的精英人物。尤为值得关注的是，其凭借在《大公报》担任编辑的成就，在晚清女性社会一度呈现出"绛帏独拥人争羡，到处咸推吕碧城"的景观。

　　如果追溯吕碧城加盟《大公报》编辑的源流，既有教育背景的因素，也与其同该报主编英敛之的一次邂逅密切相关。吕碧城出生之际，正逢其父亲吕凤岐担任山西学政一职，故而书香门第的熏陶，使其自幼便才藻横溢，"善属文，工诗画"。然而1895年，十二岁的吕碧城则经历了一场父亲猝死的变故，从此家道衰微，这迫使其两年后与母亲投靠在塘沽担任盐运使的舅父，开始了长达六年寄人篱下的生活。1904年春夏之际，年方二十的吕碧城欲往天津探访女学，然临行之际却被舅父骂阻，这刺激吕碧城萌发了自立思想，遂决定脱离舅父的藩篱。只是，此际的吕碧城国学根底相当深厚，京津间已无可求学之校。但幸运的是，吕碧城知"方夫人寓大公报馆，乃驰函畅诉"，并恰为《大公报》主编英敛之所见，大为叹赏。英敛之遂喜邀吕碧城与方夫人同住，与之灯下闲谈，十二点方离去，当即决定委任其为该报的助理编辑。

　　既然已被任命为《大公报》的编辑职务，吕碧城便凭借报纸为媒介平台，传播其谋求女性解放的相关主张。仅1904年间，吕碧城利用职务之便，即在《大公报》先后刊发了

《满江红》（5月10日）、《论提倡女学之宗旨》（5月20、21日）、《敬告中国女同胞》（5月24日）、《兴女权贵有坚忍之志》（6月13日）、《教育为立国之本》（6月18日）等数文。

概而论之，吕碧城在担任《大公报》编辑时期发表了多篇文章，系统阐发了其对于女学、女权与"女国民"话语的意见。

其一，吕碧城检讨了女学何以不兴的历史原因。如其在《警告中国女同胞》中批判三纲五常等旧式伦理道德之束缚，"使我二万万之女子，永永沉沦，万劫不复矣"，故号召女界"拔出黑暗而登于光明"。

其二，在吕碧城的笔下，认为"兴女学"乃立国之本、强国之基。如其在《教育为立国之本》《论上海宜设女学报及女学调查会》中分别称，欲立国必先修明教育，"然后内政外交，文修武备，工艺商业诸端运转自由"；并且，女学又为教育发展中的"根本之根本，源头之源头"；至于女学课程的核心设计，吕碧城在《兴女学议》中则提倡将"普通学教育"置于首位，因此为专门学问之基石，取各种知识合一炉而冶之，融化贯通互相为用，"无论其日后治何职业，皆有根底而能自辟新理"，有助于造成完全之人格。

其三，吕碧城论述了"女学"与"女权"的关系问题，并视前者为后者实现的前提和保障。如其在《论提倡女学之宗旨》及《兴女权贵有坚忍之志》中先后表示，女权本属天赋，何以男子独享权利，女子却甘为其附庸？故鼓励此后女界当"复自主之权利，完天赋之原理"；然而，对于女权之获得，吕碧城认为应秉持"女学优先"的原则，若"女学校立矣，女学会开矣，女报馆设矣，女子游学之风行矣，与男子同趋于文明教化之途"，收复女权则水到渠成。

其四，吕碧城指出了"合群"之道乃是兴办女学与争取女权的正途。如其在《女子宜结团体论》等文中建议女性同胞，结成一完备坚固之大团体。诚然，女子之"合群"，绝非意味着失其"独立"人格，相反，个人"独立"是践行"合群"的基础和保障，故而"独立者，犹根核也，合群者，犹枝叶也。有根核方能发其枝叶，藉枝叶以庇其根核，二者固有密接之关系"。

其五，以"合群"为目标实现"女学"与"女权"的终极目标，乃是吕碧城最为重视的"女国民"之形塑。如其在《论某督札幼稚园公文》中宣言，女子亦国家之一分子，应同尽国民之义务，担国家之责任，具政治之思想，享公共之权利，"盖中国者，非尽男子之中国，亦女子之中国也"。这不仅超越了男性知识精英将"兴女学"囿于"助夫训子"的狭隘论述，而且消解了女性解放与民族国家话语之间内在紧张，进而打通了女权启蒙与国族动员二者的通道。

尽管未见其人，但在读者中乃有"先闻其声"的关注者。其一，1904年5月22日，某读者来函即表达对《大公报》女编辑吕碧城的仰慕之情，"果有闻女史之言而兴起者，则女学昌明，女权大振，家庭中有好教育，国民中自有大英雄，尚虑国家不能强哉"？

其二，秋瑾因见吕碧城在《大公报》上编辑并刊发的各类文字，基于知音共鸣，遂于同年夏季专程由京赴津拜谒。二人一见如故，义气相合，并夜里同榻同寝。然而吕碧城虽婉拒了秋瑾的同渡扶桑运动革命之邀请，但仍与秋瑾在办报问题上保持了合作关系，并于1907年在秋瑾创办的《中国女报》上刊发了两篇文章。

若分析吕碧城何以凭借《大公报》编辑的身份，进入男权社会的公共视野，并迅速崭露头角，实与京津地区名人圈中英敛之、傅增湘、方药雨、樊增祥、严复、袁世凯、唐绍仪等人众星捧月般推崇不无关联。换言之，吕碧城对于晚清公共空间所构建人际网络的融入，是其声名鹊起的重要因素。

一方面，在吕碧城事业生涯中最为关键的一位人物，即是《大公报》主编英敛之。如果仔细阅读英敛之的日记，可知在吕碧城来到《大公报》馆之初，无论是其安置行旅、购买日常用品，抑或是吃饭、散步，均得到了英敛之无微不至的照顾。除了任命吕碧城为《大公报》的助理编辑，为其提供传播女学思想的平台外，1905年，英敛之还为吕碧城及其姊妹合刊《吕氏三姐妹集》，赞扬吕碧城不仅相貌清新俊逸，而且编辑理念出众，能辟新理想，思破旧锢蔽，"欲拯二万万女同胞出之幽闭羁绊黑暗地狱"，由此扩大了《大公报》的传播及影响。此外，英敛之联络傅增湘、周学熙、袁克定、方药雨等为吕碧城创设女学的设想积极奔走，至于随后天津女子公立学堂议事员的聘任、教习的延请、课本的选择、校舍地址的规划，英敛之事必躬亲。

另一方面，除了《大公报》的文化推动外，京津地区文人圈的唱和，也是促成吕碧城出场的助力之一。例如，清末晚唐诗派代表人物樊增祥即对于吕碧城在《大公报》的编辑活动，表示青睐，遂以诗词相赠和，称其"聪明天赋与娉婷""满衣香雾女相如"。又如，袁克定、费树蔚、唐绍仪、张謇、李经羲、杨千里、杨云史、吴宓等社会名流亦同吕碧城交往甚深。以至于一时间，京津地区慕名拜访吕碧城者接踵而至，吕碧城本人亦与各界人士"诗词唱和无虚日"。再者，1906年10月，吕碧城通过英敛之介绍，结识了另一重要良师益友严复。严复遂得吕碧城之邀，不仅为其《女子教育会章程》作序，还讲授《名学浅说》，并且介绍外甥女何纫兰与吕碧城相识，同愿助女界一臂之力。

值得一提的是，吕碧城的另一"伯乐"袁世凯。尤其在天津女子公立学堂创办初期经费难产，吕碧城于《大公报》刊登募捐启事响应者寥若晨星的情形下，袁世凯当时拨款相助，以致吕在自述《予之宗教观》中极为感念袁资助之往事。诚然，此与袁世凯在直隶都督任上推行新政的积极态度密不可分。

由此可知，吕碧城不仅开启了近代女性担任报刊编辑职业的先河，开拓了晚清女性生存的新空间，在中国新闻史上留下了浓墨重彩的一笔，而且其利用《大公报》为媒介平台，发表的有关女权、启蒙与民族国家话语的系列篇章，也为女性谋求自我解放与民族解放的合一，提供了崭新的模式与路径。在吕碧城等"英雌"的感召下，女性同胞逐渐走出闺门，"男外/女内"的传统性别秩序渐趋松动，女性在家庭与社会中的性别角色分工开始了由内向外的位移。并且，透过吕碧城编辑生涯的背后，不可忽视的还有男性精英的扶持和揄扬。由此，亦可窥见晚清女性在形塑"英雌"话语这一历史进程中，不单是性别内部的自我运动，更是在"男女共进"中成就社会事功。

短暂难忘的"临大"岁月

　　全面抗战爆发后，北京大学、清华大学、南开大学三校被迫南迁，于长沙组成了国立长沙临时大学，后南迁昆明成立了西南联合大学。在长沙存在的半年期间，"临大"尽管建校时间紧迫，校址分散，办学条件艰苦，建制军事色彩浓郁，但继承和发展了湖湘文化兼容并包的传统，开辟了战时湖南教育的新气象。伴随着三校内迁的履迹，"临大"在传播抗战火种与维系精英培养战略层面具有重要意义。

1937年七七事变爆发后，随着南开大学、清华大学相继陷于日军之手，北京大学第一院和灰楼新宿舍于当年9月3日又被日军进驻。9月10日，国民政府教育部宣布了三校南迁长沙的决议：由北大校长蒋梦麟、清华校长梅贻琦、南开校长张伯苓共同筹备组建"国立长沙临时大学"（以下简称"临大"），并分别负责总务、教务、建筑设备工作。北大校长蒋梦麟在自述《西潮》中称："临大"在抗日炮火中诞生，目的使各校学生不致战时失学，从而维系国家的教育命脉；其归乡诀别家父的留言即是"中国将在火光血海中获得新生"。

据《北大长沙办事处公函》规定：本校学生自10月18日至24日间报到，25日起开学注册选课，并于11月1日正式上课；逾一星期未到者，则不再保留入学资格。经"临大"筹备委员会研究，合并后的三校拟设立四个学院，除了工学院为清华独有外，其他三院均由一校推举一人：文学院院长由北大的胡适出任（未到前由冯友兰担任），理学院院长由清华的吴有训担任，法商学院院长由南开的陈序经接手。其中，在各学院下属的十七个院系中，由北大教员出任教授委员会主席者有：外国语言文学系叶公超、物理学系饶毓泰、算学系江泽涵、地质物理气象学系孙云铸、政治学系张佛泉、法律学系戴修瓒。

北大教授魏建功的一首感慨赋诗，诠释了师生由京赴湘的磨难坎坷："居危入乱皆非计，别妇离儿此独行。欢乐来时能有几，艰难去路怖无名。文章收拾余灰烬，涕泪纵横对甲兵。忍痛含言一挥手，中原只日一收京。"为统计来湘报到的生源，各校学生的学号分别使用"P""T""N"代表北大、清华、南开，以示区别。至11月20日，三校教师抵达者计148人，其中北大55人；学生报到者共1450人，其中北大369人，包括文学院139人，理学院110人，法商学院120人。

在长沙的湘江东岸，国民政府教育部与湖南省教育厅商定租用长沙韭菜园圣经学校为校址。主体是钢筋水泥的四层大楼，其中一楼用于学校办公，二楼、三楼、四楼用作理学院、法商学院、工学院土木系的教室。囿于校舍不敷分配，原拟设于长沙的文学院，包括中国文学系、外国文学系、历史社会学系、哲学心理教育学系，迁往衡山，由北大与清华联合建立"长沙临时大学南岳分校"。

在教学方面，尽管三校完成了组合任务，但仍保持着各自系统的独立性。起初，教育界方面曾怀疑"临大"成立后的持续性问题。据陈序经回忆称："因为这三个大学，不只因为历史、环境、学者有不同之处，而且因为经费上的支配，课题上的分配，以及其他好多问题，并不容易解决。"况且三校的学风亦各有特色，例如北大的"宽容如海"，既不同于清华的"智慧如云"，同时又区别于南开的"稳定如山"。然而，这种疑虑迅即消逝，不仅"临大"在组织机构方面"三校合一"，而且学术精神方面也实现了"山、海、云"的完美融合。事实上，"北大"与"临大"之间原本就是"你中有我，我中有你"的关系。例如，在校级、院系负责人中间，曾为全美清华同学会总会长的北大教授胡适，也是南开的校董；担任"临大"文学院院长及中文系主任的清华教授冯友兰、朱自清，均毕业于北大；当选"临大"算学系主任、物理系主任的北大教授江泽涵、饶毓泰，又曾有在南开任教的经历；北大哲学系教授汤用彤、政治学系教授钱端升，则毕业于清华。由是，三校师生齐聚"临大"交流，取长补短。尤其是南岳分校的文学院师生，教授们与学生登山、观日出、赏瀑布，在借景抒情之际，相互探讨文学理论，达到了寓教于乐的双重目的。对此，冯友兰回忆这段时光："我们在南岳的时间虽然不过三个月，但是我觉得在这个短时期，中国的大学教育，有了最高的表现。那个文学院的学术空气，我敢说比三校的任何时期都浓厚。"另一位北大学生谈及称："那时师生热烈的交流气氛，颇有古代疏远的风味，这比在北平的一个学期收获还大。"

在生活方面，由于圣经学校无法容纳学生住宿，故三校租用长沙德涵女校旧址为女生宿舍，原清军驻湘第四十九标营房为男生宿舍。只是，"临大"的学生住宿条件相当简陋且拥挤，秋冬雨季，外面下大雨，屋内下小雨，"真有'行不得也哥哥'之苦"。据就读学生汤衍瑞回忆："长沙出产的菲菲伞是很有名的。遇到雨天，同学们为防雨起见，在睡觉以前先在被窝上盖好油布，再在枕头上张开一把菲菲伞，倒也高枕无忧，一觉睡到天亮。"尽管北大校长蒋梦麟在视察宿舍时见此"落汤鸡"场景，不免黯然神伤，但眼前的困难种种，总也敌不过师生们的乐观情绪。值得一提的是，作为"五四"新文化的先锋，北大学生们便将写有"反帝、爱国、民主、科学"标语的旗帜高高悬挂在"临大"校园内。

在社会服务方面，爱国激情促使"临大"师生开展各种形式的抗日运动。9月下旬，北大地下党支部率先在"临大"中建立，由吴磊任书记，计有7人。12月13日，"临大"党支部组织在校学生1067人举行誓师大会，痛斥南京大屠杀的暴行；随后，又动员了40余人参加"湖南青年战地服务团"，并出演阳翰生的话剧《前夜》，慰劳前线抗日部队。这些志愿活动，无不沿袭了北大在"五四"以及"一二·九"运动中的光荣传统。为配合师生日益高涨的救亡情绪，"临大"邀请了湖南省政府主席张治中、国民党军委会政治部部长陈诚、国民党军委会副总参谋长兼军训部部长白崇禧、八路军驻长沙办事处负责人徐特立、《大公报》主编张季鸾等国共两党高级将领，以及社会名流来校演讲抗战形势，并寄语青年学生希望。

"辞却了五朝宫阙，暂驻衡山湘水，又成离别"。1938年1月19日，国民政府作出了将"临大"迁往昆明的指示。至4月2日，"国立长沙临时大学"结束了历史使命，更名为"国立西南联合大学"。北大教授胡适阐述了这场三校师生的"长征"在教育史上的独特意义："临大迁昆明，当时最悲壮的一件事引得我很感动和注意：师生徒步，历六十天之久，经整整三千余里之旅程……这段光荣的历史，不仅联大值得纪念，在世界教育史上也值得纪念"。回溯历史往事，衡山湘水岁月中的"临大"，尽管存在时间短暂，但他们热血沸腾、不畏艰苦的精神，根植于每一位湖湘儿女乃至中华民族的心中，并奏响了"笳吹弦诵在湖湘"的伟大乐章。